①駅舎の外観

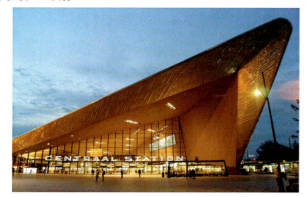
1. ロッテルダム中央駅 （P.5）

2. 東京駅 （P.6）

②駅舎内部のデザイン

3. フランクフルト空港駅 （P.7）

4. 大阪駅 （P.8）

③採光・証明

5. カナリーワーフ駅 （P.9）

6. 岩見沢駅 （P.9）

④ユニバーサルデザイン

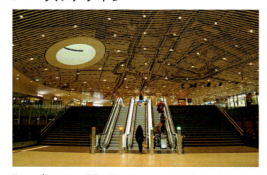
7. デルフト駅 （P.9）

8. 水俣駅 （P.9）

⑤イメージの形成

9. カナリー・ワーフ駅の事業者ロゴ（P.10）

10. 池袋駅の事業者ロゴ（P.10）

⑥パブリックアート

11. T-セントラーレン駅（P.11）

12. 丸亀駅（P.11）

⑦商業機能

13. リエージュ・ギユマン駅（P.12）

14. 上野駅（P.12）

⑧広告の視点で、欧州と日本の好事例を対比

15. ブリュッセル南駅（P.14）

16. 品川駅（P.14）

＜目次＞

1 はじめに ………………………………………………………………………… 1
　1．1 背景 ……………………………………………………………………… 1
　1．2 構成 ……………………………………………………………………… 2
2 鉄道景観の美しさと影響する要素……………………………………………… 5
　2．1 鉄道景観の美しさ……………………………………………………… 5
　2．2 鉄道景観の美しさに影響する要素………………………………… 5
　2．3 車窓からの風景としての鉄道景観の美しさ…………………… 16
3 ヨーロッパの鉄道駅の景観…………………………………………………… 17
　3．1 ヨーロッパの鉄道駅…………………………………………………… 17
　　3．1．1 ヨーロッパにおける「鉄道駅ルネッサンス」………………… 17
　　3．1．2 コンテクスト・センシティブ・デザイン(CSD)…………… 17
　3．2 ドイツの鉄道駅………………………………………………………… 20
　　3．2．1 ドイツ鉄道の駅の再生……………………………………… 20
　　3．2．2 ドイツ鉄道における新駅……………………………………… 25
　　3．2．3 高速鉄道の空港駅…………………………………………… 28
　3．3 フランスの鉄道駅……………………………………………………… 30
　　3．3．1 フランス国鉄の駅の再生…………………………………… 32
　　3．3．2 フランス国鉄とパリ交通営団の乗換駅………………………… 37
　　3．3．3 高速鉄道の空港駅…………………………………………… 40
　　3．3．4 パリメトロの駅の再生と新駅……………………………… 45
　　3．3．5 フランスのライトレール(LRT)…………………………… 49
　3．4 結論 ……………………………………………………………………… 56
4．日本の鉄道駅の景観…………………………………………………………… 58
　4．1 JR東日本によるデザイン……………………………………………… 58
　　4．1．1 大規模ターミナル駅の再生（コスモスプラン）…………… 60
　　4．1．2 大都市の拠点駅の再生（サンフラワープラン）…………… 64
　　4．1．3 既存の鉄道施設の新たな利用方法………………………… 65
　　4．1．4 新幹線の駅…………………………………………………… 66
　　4．1．5 地方都市の駅………………………………………………… 73
　4．2 東京メトロによるデザイン…………………………………………… 76
　　4．2．1 駅の再生……………………………………………………… 76
　　4．2．2 周辺の建物や土地柄との調和………………………………… 77
　4．3 横浜高速鉄道みなとみらい線のデザイン………………………… 82
　4．4 結論 ……………………………………………………………………… 88

5	日本の鉄道駅の課題 －ヨーロッパの駅の好事例との比較－			89
	5．1	鉄道駅における構成要素別のデザインの比較		89
		5．1．1	駅舎・出入口	89
		5．1．2	駅ホールとコンコース	95
		5．1．3	プラットホーム	100
		5．1．4	広告・案内表示	103
	5．2	路線全体のデザインの比較		107
		5．2．1	路線全体のデザインコンセプト	108
		5．2．2	駅舎・出入口	110
		5．2．3	駅ホール・コンコース	112
		5．2．4	プラットホーム	114
	5．3	日本の鉄道駅の課題		117
		5．3．1	日本の鉄道駅における個々の要素のデザインの課題	117
		5．3．2	トータルデザインの導入	121
6．	より良いデザインを目指して			128
	6．1	デザインコンペの推進		128
	6．2	地域性を反映したデザインの重要性		129
	6．3	CSD（コンテクスト・センシティブ・デザイン）の導入		130
7．	English summary：Aesthetics of railway stations in Europe and Japan			135

（注）

本文中に記載がある駅名にある（　）内は断り書きがないかぎり、「開業年」を示す。また、個人名が含まれている場合は、当該駅の「設計者名」を示す。

1　はじめに

1．1　背景

　鉄道は、およそ 200 年前から、通勤、通学、買い物、旅行等の移動の手段として、世界の多くの地域で中心的な役割を果たしてきた。特に、日本は、大都市の都市鉄道、都市間における新幹線の成功により世界でも有数の鉄道大国となっている。私達が日常的に利用している鉄道のターミナルである駅は多様な機能を持っている。まず、交通結節機能で、鉄道駅には様々な鉄道路線や、バス、タクシー等異なる交通機関が集まっており、人々はそこで鉄道に乗り降りし、また異なる路線や交通機関を乗り継ぐことが出来る。駅には多くの人々が集まり、それに伴い情報も集中する。人々は駅で会話を楽しみ、情報を交換できるので駅は交流機能を有する。また、駅は防災機能を有する。駅前広場や大きな駅舎は、火災の延焼を防ぐとともに災害時の避難所になる。そして、鉄道駅の駅舎や駅前広場は都市と他の地域をつなぐ玄関として、都市のシンボル機能、あるいはランドマーク機能がある。これらの機能を有することにより、鉄道駅は都市の施設として、都市の中心に位置することが可能となり、その結果都市の景観を自ら作り出すと言う重要な役割を担っている。本研究は、主に鉄道の景観に着目し、日本の鉄道駅や構造物を美しいものとする方策について述べている。

　景観面から見た日本の代表駅の一つは東京駅である。明治時代に辰野金吾により設計されたこの駅は、それと併せて開発された丸の内地区の近代的なビル群と一体的になり、明治の日本の発展を表現した都市景観を作り出していた。このような大規模駅でなくとも、例えば、改良前の田園調布駅や国立駅の様に、整えられた住宅地のシンボルとして、その地域固有の景観を巧みに作り出している。このように都市や地域の景観上重要な役割を果たしているものも日本では少なくはないが、ヨーロッパやアメリカの事例と比較すると、日本の鉄道駅は、都市の優れた景観を作り出す上でまだ十分な役割を果たしていないのではないかと思う。むしろ、商業ビル等の中に埋没し、駅を主張できていないものや、更には良好な景観を阻害したりしているものが多いのではなかろうか。これは、日本の都市や地域を魅力あるものとする上で大きな問題である。

　日本より鉄道先進国のヨーロッパの鉄道は、モータリゼーションの進展、都市の郊外・道路沿いへの発展などにより、1960 年代以降斜陽の一途を辿っていた。これは、都心の駅周辺地区のスラム化など都市問題にも波及した。しかし、1980 年代に入り、都市問題の解決や環境問題への対応などを追い風とし、過去の栄光を取り戻す努力がなされた。その一つが「鉄道駅ルネッサンス」政策で、サービス向上へ向けての集中的な投資が行われた。代表的なプロジェクトが都市間鉄道の高速化であり、イギリスの HST、フランスの TGV、ドイツの ICE、スウェーデンの X2000 など、日本の新幹線に匹敵する高速鉄道がヨーロッパ各地に誕生した。これらの高速鉄道のネットワークはその後、EU の重点政策となり、域内の高速鉄道ネットワークが急速に拡大していった。「鉄道駅ルネッサンス」のもう一つの代表的なプロジェクトが駅の再開発である。高速鉄道の整備で再び脚光を浴びた都心駅は、

新しいデザインコンセプトが導入され再整備が行われた。鉄道事業者は、駅の改装や駅のイメージを新しくすることにより鉄道による旅のイメージを変えるための幅広い活動や施策を展開した。また、鉄道駅は LRT やバス路線が集まる新たなインターモーダルのハブとなった。そして、この「鉄道駅ルネッサンス」は、高速鉄道の駅のみならず、ロンドン地下鉄、パリメトロと言った地下鉄駅にまで波及していった。「鉄道駅ルネッサンス」は、鉄道の衰退にあわせスラム化し、そのまま長い間放置されてきた都心部の駅周辺地区の再開発を刺激し、その結果地区の経済的魅力の向上をももたらしている。

　日本でも、ヨーロッパにやや遅れはしたが「鉄道駅ルネッサンス」が進められ、本書で取り上げるように東日本旅客鉄道株式会社（以下、JR 東日本）、東京地下鉄株式会社（以下、東京メトロ）を始めとする鉄道各社は、多くの駅の魅力向上に成功している。しかし、一方で依然として、景観的な魅力に欠け、駅へのアクセシビリティが低く、駅前の賑わいが乏しいなど、多くの問題を抱え改良が必要である駅が、数多く存在することも事実である。

　課題が残るこれらの多くの駅の整備を景観や機能に優れたデザインを有するという観点をあわせ着実に進めることがまず重要であるが、駅単体にとどまらず駅周辺の再開発を一体的に行うことで、地区の魅力が向上し、その結果、経済的な価値が向上するなど種々のしかも大きな効果が発生することとなる。これを大都市の国際競争力の強化や地方都市の活性化を進める起爆剤の一つとすることも可能であろう。そのためには国民の美しさに対する意識の一層の向上と、良いデザインを志向する姿勢の強まりが不可欠である。本書は鉄道事業に携わる人のみならず幅広い方々に駅の景観やデザインの魅力について理解して頂くことを目的にし、駅の形状、機能、周辺景観との関連について日本とヨーロッパの比較を通じて、日本の鉄道駅の問題を建築的、景観的な観点から分析している。

１．２　構成

　本書は 6 章から構成されている。第 1 章で本書の研究の背景と目的を述べた後、第 2 章「鉄道景観の美しさと影響する要素」では、まず鉄道景観の美しさとは何かを述べ、美しさに影響する要素である駅建築物の外観、駅舎内部空間、採光・照明、ユニバーサルデザイン、パブリックアート、商業機能、広告、線路、車両を個別に取り上げ、美しい景観とは何か、美しくするための方策について、特に理論面から述べている。

　第 3 章「ヨーロッパの鉄道駅の景観」は、まず前半部分で 1980 年代から鉄道の再生に積極的に取り組みその中で鉄道景観の向上を図ってきたヨーロッパの鉄道の再生のコンセプトである「鉄道ルネッサンス」の基本的考え方と、本書の中心的主張の一つである、アメリカで誕生した計画手法で鉄道ルネッサンスの考え方と共通する部分が多いコンテクスト・センシティブ・デザイン（Context Sensitive Design：CSD）について計画への導入の経緯とデザインの原則について述べている。これを踏まえて、後半部分で、ヨーロッパの鉄道ルネッサンスで先駆的な役割を果たしてきたドイツ鉄道株式会社（DB AG）、フランス国鉄（SNCF）等が実施した駅の再生と景観の改善について、都市鉄道駅、都市間鉄道駅の

- 2 -

事例を紹介し特徴を分析している。

第 4 章は「日本の鉄道駅の景観」である。JR 東日本、東京メトロそして横浜高速鉄道株式会社（以下、横浜高速）の駅を対象として行った分析結果である。JR 東日本では、経営計画に基づいた駅再生の方針と、それに基づく具体的な事業である駅の再生事例として、上野駅・品川駅等大都市の拠点駅、地方の新幹線・在来線駅を取り上げ、その特徴を述べている。次の東京メトロでは、プロジェクトにおけるデザインの考え方について、大きく 2 つの視点、周辺の建物や土地柄との調和、路線単位でのトータルデザインから述べている。横浜高速については、みなとみらい 21 線の路線全体に共通するデザインコンセプト、若手の建築家がデザインを担当した 3 つの駅のデザインを紹介している。

第 5 章は「日本の鉄道駅の課題─ヨーロッパの駅の好事例との比較─」で、ヨーロッパとわが国で景観面の工夫が施されている駅をとりあげ、それらの比較を通じて日本の鉄道駅の景観面からの課題を抽出している。はじめに、駅舎・出入口、ホールとコンコース、プラットホーム、広告案内表示等、景観を構成する個別要素毎に理論編で述べた良いデザインのポイントを整理し、各ポイントについて日本とヨーロッパの駅を比較した。更に路線全体のデザインコンセプトのもとに各駅がデザインされた事例である都営地下鉄大江戸線とロンドン地下鉄ジュビリー線を比較し、路線全体のデザインコンセプトと個別要素毎のデザインの比較を行っている。これらの分析結果を踏まえ、最後に日本の鉄道駅の課題を、鉄道駅における個別デザインの課題、トータルデザインに向けた課題の 2 つの視点から取りまとめている。

最後の第 6 章「より良いデザインを目指して」は、理論的観点及び事例分析結果から導き出されたより良いデザインを目指すために講じるべき施策に関する提案である。デザインコンペの推進、沿線地域の文脈を反映したデザインの重要性とそれを具体化できるコンテクスト・センシティブ・デザインアプローチの導入を提案している。

＊　＊　＊

本書は 2003 年に運輸政策研究機構（現運輸総合研究所）に勤務する機会があり、そこで、当時運輸政策研究所長であった中村英夫氏より、日本における鉄道駅および関連施設の景観に関する課題に取り組むようにご指導をいただいたことを端緒とした研究を取りまとめたものである。

研究を進めるに当たり、中村英夫東京都市大学名誉総長、森地茂政策研究大学院大学教授（元運輸政策研究所長）からは大局的かつ専門的な研究の進め方についてご指導をいただいた。また、株式会社建設技術研究所の石井弓夫特任顧問、大島一哉会長、村田和夫社長には 2005 年から今日に至るまで、株式会社建設技術研究所国土文化研究所での研究の継続について多大なご支援をいただいた。さらに、運輸総合研究所の伊東誠主席研究員、菅生康史研究員、国土文化研究所の原田邦彦元所長、池田駿介元所長、伊藤一正元企画室長、

木村達司次長は、文献調査の支援、著書の改訂や邦訳、出版準備に尽力して下さった。本書を発刊するにあたりにご支援を下さった皆様に改めて感謝申し上げる。

　最後に、ヨーロッパの鉄道関係者の紹介や現地調査における数々の支援、執筆における助言を与えてくれた父のチヴィンスキー・ズビグニェヴ教授（元東京大学教授）にもこの場を借りて謝意を表したい。

2 鉄道景観の美しさと影響する要素
2．1 鉄道景観の美しさ

　ホルゲイトは、著書「建築物の美学」（ホルゲイト 1992）の中で、建築物と土木構造物におけるデザインの重要性と美しさの意味を論じている。彼は、デザインは建築物や土木構造物を美しく見せるために重要な要因であると指摘している。また、美しくするためには独創性、技術的能力、デザイナーの意図が重要であるとも指摘している。建築物、土木構造物が配置された空間は、人間の創造性がもたらした環境のひとつである。そして人々は、建築物、土木構造物を森林、海浜等の自然環境を含めて知覚し評価する。人が美しさを感じる要因は幅広いもので、サイズ、形、スペース、テクスチャ、照明、色のように、客観的に示されるもののみならず、実用性、機能性、視覚的及び心理的印象、背景との関連性の認識など、主観的な要素をも含んでいる（ホルゲイト 1992）。

　古くから建築物に関しては景観的な美しさが議論されてきたが、1980 年代より、橋やダムなど土木構造物の設計においても景観が議論されるようになった（木戸 1995；木戸 1997）。ヨーロッパやアメリカから始まったこの新しい動きは、橋は交通機能のみならず、ダムは貯水機能や発電機能のみならず、視覚的目的のためデザインされるべきであるといった意識を高めた（木戸 1992；　チヴィンスキー・木戸 2000；　木戸 2005）。

　鉄道は、ホール、コンコース、プラットホームと上屋、商業施設等を含む駅舎等の建築物と、橋梁、高架橋、トンネル、線路等の土木構造物、架線、変電所等の電気施設そして車両等で構成されている。本研究の対象は、これらの鉄道の基本的施設に加え駅舎の前に広がる駅前広場、そして場合によっては駅周辺地区の建築物や広場から広がる街路も含んでいる。本書ではこれらの空間的広がりを駅空間と考え鉄道景観の対象とする。

　鉄道景観の美しさとは、まずはこれらの建築物、構造物個々の美しさのことである。駅舎の建築様式、駅舎内部デザイン、駅舎内における上述の基本的機能と商業施設等の付加的機能の配置のバランス等により定まる（木戸 2007；　木戸 2014；木戸・チヴィンスキー 2014）。これらは一つ一つのデザインが美しいものであることに加え、まとまりとして美しいこと、例えば、建築物の外装と内装との調和、駅前広場や駅前の建築物との調和等、周辺環境の一部として景観的にも優れたものであることが必要である。景観が美しいとされる駅は、同時に利用しやすく、快適な駅でもある。

　以下、鉄道景観を優れたものとするための基本的考えについて述べる。

2．2 鉄道景観の美しさに影響する要素
（1）駅建築物の外観のデザイン

　駅舎はまちの中で鉄道の存在を周知する役割を担っている。旅客は鉄道を利用する際にこれを目印とするので、鉄道景観を優れたものとするためには、まず駅建築物の外観が美しいことが重要である。例えば、ロッテルダム中央駅（Station Rotterdam Centraal）の近代的な駅舎は、優れたデザインにより、美しい外観を誇っている（カラー写真１）。日本

の駅舎のうち、特に戦後の貧しい時代や高度成長期に建てられたものは、乗降施設としての機能が重視され実用本位の建築物が多く、デザインにはあまり配慮されず、建築様式には個性がなく、質も高くなかった。しかし、うまく保存しながら利用されてきた古い駅や、独特の建築様式を有する新しい駅の中には、景観的に優れているデザインの駅舎も多い。

　駅建築物の外観のデザインが、歴史的、文化的、社会的にその地域の象徴的なものを表している場合、駅は都市景観と調和し、美しいものとなる。ヨーロッパの都市間鉄道の駅は、都市の歴史的な地区の中心に位置し、周辺の古い建物と調和している例が多い。例えば、東京駅（1914；更新 2013；カラー写真 2）のデザインの本家ともいわれるアムステルダム中央駅（Amsterdam Centraal：1889）は市の中心に位置し、路面電車、地下鉄、バス等都市公共交通と接続する交通ネットワーク拠点であるが、その優れた建築デザインは周辺の建築物と調和し、アムステルダム市の街並みの美しさを象徴する景観を作っている（図2.2-1）。また、古い駅舎が再現された東京駅丸の内駅舎や田園調布駅なども、周辺地域の歴史や文化を表しており評価できる。このように歴史等を表現した駅舎は、重要な都市のランドマークになることができる。

　また、駅前に大きな広場を有し、そこから多方面に直線に伸びた通りがある場合には、遠くからも駅舎を見ることができ駅は都心のランドマークとしての機能を有することとなる。駅舎が大きな建築物や高い塔などを有する場合には、このランドマーク機能がさらに強調される。

図 2.2-1　街並みの美しさを象徴するアムステルダム中央駅

　一方、地下鉄には一般的に地上の駅舎はなく、駅施設は基本的には地下空間に配置されており、道路や広場内、あるいは一般の建物に併設された出入口が地上から認識できる駅の唯一の要素である。従って、駅の出入口のデザインは、美しいものであることに加え、分かり易いことが求められ、限られたスペースの中でデザインに工夫が必要である。パリメトロのアール・デコ調の出入口は、その代表的なものである。

駅建築物の外観を景観的に美しいデザインとするポイントは主に以下の5点である。
　①標準化されたものでなく地域の特徴が表現されたオリジナルのデザインである
　②出入口が広くて大きく、分かり易い
　③ブランドデザインの一環として鉄道事業者のロゴが目に付く場所に表現されている
　④駅前に十分な空間が確保されている
　⑤ランドマークとなり、都市を象徴する存在である

（2）駅舎内部のデザイン

　駅舎内部の空間は、鉄道利用者が入口とプラットホーム間の移動、切符の購入、買い物、列車の待合、乗降といった鉄道を利用する際の様々な場面で使われる。この空間を美しく演出し、利用者が快適な鉄道利用を享受するためには、十分な空間を確保し、窓、通路、天井等の素材や色などの内装に配慮し、これと調和がとれた券売機、出改札機、昇降施設、プラットホーム、ベンチ、情報案内、商業施設等、必要となる各種施設の配置を機能面と景観面の両者からデザインを行うことにより、駅舎内部全体として調和のとれた美しい空間とすることが可能となる。例えば、フランクフルト空港駅(Frankfurt am Main Flughafen Fernbahnhof ; 2000)ではエレベータ、床、階段、手すりをガラス製にすることにより、広々とした美しい空間を演出している(カラー写真3)。利用者は駅構内を一目で見渡すことができ、駅のレイアウトを理解し、自分の位置と目指すべき施設を容易に認識することができる。いくつかの歴史的なターミナル駅の中でも、ロンドンのセントパンクラス駅(St. Pancras International ; 1868 ; 改築 2007)は、大空間を改造した駅舎の中でも成功例であり、同様の駅における魅力的で大きな駅舎空間を作る際の指針になった(図 2.2-2)。また駅舎内部を機能面で優れたデザインとすることで歩行時に人とぶつからない、十分な待合場所を確保できるといった快適性と、遅延や運休などの鉄道サービスの混乱時に予想される、旅客の滞留のためのスペース確保といった安全性の向上にも効果がある。

図 2.2-2　セントパンクラス駅（ロンドン）の魅力的な大空間

日本における最近の駅舎は木やガラスなどの地域の素材を用いた設計を取り入れるなど特徴的なインテリアを有し、それらの空間をより魅力的にするために芸術が用いられており、例えば「大阪ステーションシティ」（2011；「時計広場」；カラー写真4）はそれにあたる。

　駅舎内部のデザインと、駅建築物の外観、そして駅前広場とそれにつながる駅前の建築物群との調和を図ることで一層景観的に優れたものとすることができよう。

　地下鉄駅では用地や工事費等で様々な制約があり、駅施設はコンパクトなものになりがちであるが、ここでも広い地下コンコースを配置することが可能であれば、美しい空間を演出できる。例えば、ロンドン地下鉄ジェビリー線延伸線（Jubilee Line Extension: JLE）の新駅（例：カナリー・ワーフ駅（Canary Wharf）；1999；（図 2.2-3）、横浜のみなとみらい線（例：みなとみらい駅；2004；図 2.2-4）など、比較的新しい路線の駅において、大きな空間が効果的に導入され景観面で優れたものとなっている事例がある。

　これらの駅舎内部の景観を美しいものとするためのポイントは以下の6点である。
　　①空間が広くかつ高い天井を有する
　　②充分な空間が確保できない場合には閉塞感が和らぐデザインとする
　　③旅客が移動する方向が容易に把握できるデザインである
　　④売店等の商業施設が歩行者動線を妨げない
　　⑤広告が壁に整理して配置され情報案内板を妨げない。むしろインテリアデザインの
　　　一部となっている
　　⑥バリアフリーであり移動しやすい

図 2.2-3 カナリー・ワーフ駅（ロンドン）の大空間　　図 2.2-4 みなとみらい駅の大空間

（3）採光、照明

　採光と照明もまた、駅の美しさにとって重要である。建築構造を工夫し外部からの光を効果的に取り入れることで美しさを演出することができる。例えば、リヨン・サンテグジュペリ駅（Gare de Lyon Saint-Exupéry；1994）では、駅舎壁面の陽の当たる場所につや出しのガラスを使い、そこからの自然光によりプラットホームとコンコースを視覚的につなげ、空間的な広がりを強調している（図 2.2-5）。地下鉄駅では、採光や照明で地下鉄駅特有

の閉塞感を除くことが出来る。パリの東西連絡急行線のマジャンタ駅（Gare de Magenta；1999）では、天井からの光を取り入れ影になるスペースを少なくすることで、限られた空間を広く見せるとともに内部のデザインの特徴を強調し、同時に安全な環境を作り出している（図2.2-6）。ノーマン・フォスター卿（Sir Norman Foster）がデザインしたロンドン地下鉄のカナリー・ワーフ駅は、出入口からの光によって乗客が出入口を認識しやすい（カラー写真 5）。駅名、電光掲示板、案内用のポスターなどへ照明を効果的に使うことは、乗客の注意を引き移動の手助けにもなる。また限られた開口部からの自然光を、ガラスの壁や透明素材でできた柱の反射を利用するなどの工夫により構内各所に取り込むことも可能である。日本の最近の駅では日向市駅（2008）、岩見沢駅（2009；カラー写真6）、旭川駅（2011）のように日の光が差し込むガラス張りのエレベータが人気である。

図2.2-5　空間的な広がりが強調された
リヨン・サンテグジュペリ駅

図2.2-6　天井からの光により、内部のデザインの特徴を強調するマジャンタ駅（パリ）

（4）ユニバーサルデザイン

　高齢者、障害者、外国人がスムーズに鉄道を利用するために、情報提供、エレベータ、エスカレータ、スロープ等移動の補助施設、滑りにくい床面、車両と同じ高さのプラットホーム等の駅構内の施設のユニバーサルデザインが必要である。例えば、ドックランズライトレール（ロンドン；Docklands Light Rail: DRL）のヘロンキーズ駅（Heron Quays；2002）では、プラットホームやコンコースに誘導灯を設け乗客の流れをスムーズにし、これが乗客の利便性や安全性に大きな影響を与えている。インテリアデザインの一部となるエレベータやエスカレータなどの設計は、ヨーロッパや日本で様々な種類のものが見られる。例えばデルフト駅（Station Delft；カラー写真7）、水俣駅（カラー写真8）などがそうである。このユニバーサルデザインにおいても、最近では美しさの観点から、ガラスや色彩に配慮したデザインが注目されている。東京の都営大江戸線飯田橋駅（2001：渡辺誠）では、優れたデザインによりエスカレータと階段の空間をより美しいものとしている。

（5）イメージの形成

デザインを通じて市民に鉄道に対してあるイメージを形成させることが、鉄道景観の美しさに貢献する。アール・ヌーヴォの代表者エクトール・ギマール（Hector Guimard）が設計したパリのメトロの多くの駅にあるアール・ヌーヴォ調の入口のデザインは、誰にもパリメトロをイメージさせる（例：アベス駅（Abbesses）；1913；図2.2-7）。

ロンドン地下鉄は事業者ロゴを入口の分かり易い場所に目印として配置し、ロンドン地下鉄をイメージさせることに成功している。また、このロゴは駅のインテリアの一部とされている（カラー写真9）。この円形パネルは、ロンドン地下鉄"ブランド"として、幅広く知られており、二階建てバスとともに、ロンドンの象徴となっている。企業ロゴは、企業活動理念の一部であり、ヨーロッパの多くの交通機関により再評価されている。

日本での企業ロゴの例に東京メトロがある。東京メトロは、民営化により2004年より帝都高速度交通営団から名称変更し、それにともないロゴを変更した。新しい青い"M"のロゴは旧ロゴと比べて企業をイメージしやすく、シンプルで優雅な印象を与え、日本人、外国人ともに理解しやすく、東京メトロのイメージの向上に貢献している（例：表参道駅；図2.2-8）。東京メトロでは、事業者ロゴが出入り口設計の一部となっている（カラー写真10）。

図2.2-7 アベス駅（パリ）における　図2.2-8 理解しやすい東京メトロのロゴ：表参道駅
パリメトロの象徴的な駅入口

（6）パブリックアート

広場、道路、公園などの公共空間のパブリックアートは、空間の魅力を高めるために効果的である。パブリックアートには記念碑的なもの、象徴的あるいはコンセプチュアルなもの、建築の壁画、音、風、光などを利用したもの、ライブアート等多くの種類がある。

パブリックアートは、駅においても活用され、鉄道景観において重要な役割を果たして

いる（木戸 2011）。公共交通と芸術との関係は、2001 年の国際公共交通連合（International Union of Public Transport : UITP ）の会議において初めて議論された。この会議において、以前から交通における芸術の重要性を主張していたニューキャッスル・アポン・タイン市（イギリス）の都市交通局に所属するジョンミーガーは、パブリックアートは公共交通の環境の向上に影響を及ぼすとの意見を述べた（アラン 2001）。これを受けてヨーロッパのいくつかの交通企業が、アート関連予算に鉄道整備予算の一定の率（おおよそ 0.5〜1 ％）を割り当てた。年間予算の 1 ％を "芸術に支出する割合" としているニューキャッスルでは、初期の段階では大部分が彫刻や絵画を構内に常設することに重点がおかれていたが、その後、照明の設置やライブアートイベントなどが導入されるようになった。パリメトロのデザインプロジェクトの責任者であるヨウ・カミナガイ（Yo Kaminagai）は、輸送ネットワークは都市文化を作り上げるための重要な舞台であり、そこでアートを活用することは "感性への賛同" であると述べている（カミナガイ 2001）。

アートは、地下鉄、地上駅を問わず多くの駅で導入されている。地上駅の例ではフランス国鉄（Société Nationale des Chemins de fer Français: SNCF）のリール・ヨーロッパ駅（Gare de Lille-Europe）があり、壁面に色彩に富んだ絵が設置されている。また、地下駅の例ではパリメトロのルーヴル・リヴォリ駅（Louvre-Rivoli）におけるルーブル美術館所蔵の芸術品の展示や、チュイルリー駅（Tuileries）における 20 世紀から 21 世紀初期の遺産をモチーフとしたデザインが挙げられる（図 2.2-9）。

また、ライブのアートイベントや音楽ライブはすでにパリやロンドン地下鉄の風景となっている。ロンドンでは、演奏のために特定の場所を定めているが、パリでは列車内での音楽の演奏も自由である。特に、多くのヨーロッパの地下鉄駅にあっては、芸術は中心的なデザインモチーフである。例えば、ストックホルムの地下鉄駅は、まさに芸術作品として総合的にデザインされている。パー・ウルツヴェッド（Per Ultved）によって設計された中央駅 T-セントラーレン（T-Centralen;第一期事業：1957、第二期事業：1975)は、青と白の交錯した明るい葉のモチーフで彩られた洞窟的な空間で、特に多くのアートや彫刻作品を配置している（カラー写真 11）。

アートは、日本の多くの駅においても導入されている。例えば都営大江戸線での彫刻の活用(例：都庁前駅；図 2.2-10)、東京メトロ、みなとみらい線における芸術作品、JR 四国予讃線丸亀駅の屋外の芸術作品と芸術的な景観などがあげられる。JR 丸亀駅前広場(1992)は、ピーター・ウォーカー（Peter Walker）によって、街の入口としての存在感を示し、谷口吉生によりデザインされた駅前にある猪熊弦一郎現代美術館と一体感を見せている（カラー写真 12）。

図 2.2-9 チュイルリー駅（パリ）のパブリックアート　　図 2.2-10 都庁前駅のパブリックアート

（7）商業機能

　ターミナル駅は、他の鉄道路線や交通機関への乗換機能とともに、ホテル、レストラン、小売店舗等の施設を有する商業機能も果たしている。これらの施設は収益の拡大に加え鉄道会社のイメージアップにも寄与し、商業施設をうまくデザインすることにより優れた鉄道景観を形成している例も多い。但し、駅構内で商業施設を適正に配置できないと利用客の動線を妨げることとなるので、予め十分な検討が必要である。空間が十分にある駅では駅の基本的機能のための施設とは分離して配置することが望ましい。機能分離の成功事例として、ライプチヒ中央駅（Leipzig Hauptbahnhof；1906；更新1997）（ドイツ）があげられる。この駅では、「プロメナーデン」（Promenaden；1997）と呼ばれる延べ40万平方メートルにも及ぶショッピングモールが、輸送機能とは分離して配置されている（図 2.2-11）。このため利用者は商業施設に妨げられることなく、乗り換えることができる。

　ロンドンのリバプール・ストリート駅（Liverpool Street；1875；更新1992）の新しい店は、ガラス張りの柱廊で仕切られ、駅のメインエリアに配された（図 2.2-12）。これにより同一平面でも乗客と買い物客の区分を明確にすることができた。最近わが国で開発が進められている駅内部の商業施設「駅ナカ」の配置においても部分的にではあるが歩行者の動線上に買い物客が止まり、混雑するといった問題が見られる。小売店をメインコンコースに配置する場合は、買い物客の滞留が鉄道利用を目的とした歩行者動線の支障とならないよう、店舗のレイアウトに工夫することが望まれる。現在、ヨーロッパの主要駅では、様々な商業施設が交通サービスに支障することなく注意深く配置されている。また、多くの場合、リエージュ・ギユマン駅（Gare de Liège-Guillemins）における配置のように、インテリアデザインの一部となっている（カラー写真13）。

　近年、日本の駅でも商業施設と旅客流動の機能を分離する流れを取り入れた例が増えている（例：上野駅；カラー写真14）。

図 2.2-11 ライプチヒ中央駅の地下に設けられたショッピングモール「プロメナーデ」

図 2.2-12 リバプール・ストリート駅のガラス張りの柱廊で仕切られた店舗エリア

（8）広告

　鉄道において広告は重要な収入源であることはヨーロッパでも日本でも同様であるが、ヨーロッパの鉄道会社に比べ日本の鉄道会社のほうが、広告収入の割合が高い傾向にある。広告収入を得るためには、可能な限りのスペースに広告を設置することとなるが、これが、鉄道景観の美しさに大きな影響を及ぼす。

　広告の配置についてはヨーロッパと日本では対応が異なっている。例えば、ヨーロッパでは駅に設置される広告の掲示場所、掲示板のデザイン等に対して管理がなされているが、日本では各社の独自判断に基づき管理を行っているもののヨーロッパに比べると制約が緩やかに見える。例えば、景観上の理由により規制されていた東京の鉄道における車体広告について、2002年以降解禁しているように、掲出場所についてはむしろ緩和の傾向にある。広告を鉄道景観にとって良いものとする基本的考え方は次のとおりである。

　①駅のイメージを向上させる
　　広告で重要なことは、広告の内容も駅のイメージを向上させるライフスタイルに関連する製品や、文化を対象としたものにすべきである。
　②駅の設計段階から広告の包括的なデザインコードについて検討すること
　　駅舎外観や内装のデザインとの調和を考え、配置する場所、サイズ、量、材質に配慮することが重要である。そのためには駅の広告は、駅舎の設計段階で、同時に検討されていなければならない。広告は、駅構造、駅スペース、明るさなどと共に、主要な駅デザインの要素とみなされるべきである。しかし、建物のデザインの視覚的な効果に与える影響がふさわしくない広告の掲出をする渋谷駅のような例もある（改修：

2003)。隈研吾による駅の外装デザインは、白とグレーの2色のセラミックプリントガラスを6mmの間隔をあけて設置し、デザインを見る人の位置が変化すると、壁面に映る雲の形や色も微妙に変化するという一種の立体視の効果を表現したものだが、そのデザインの特徴を、大きな広告版で覆ってしまっている。

　一方、パリメトロでは、広告がプラットホームの壁にうまく組み込まれているし、ロンドンメトロでも、例えばパディントン駅(Paddington、開業1854；更新2012、2015)で見られるように、広告パネルや広告板などが駅の建築様式と一体化している。

　日本でも、恵比寿駅(図2.2-13)のように調和のとれた広告の掲示が行われている例がいくつかある。

③広告自体がインテリアデザイン化されている

　パリメトロやロンドン地下鉄のように一定のテーマ性を持たせて広告を配置すると、広告はインテリアデザインとなり、駅の美しさを引き立たせる要素となる(例：セーヴル・バビロン駅(Sevres-Babylone)；図2.2-14)。また、ベルギーのブリュッセル南駅(Gare de Bruxelles-Midi)では、広告パネルに芸術的なデザインを施し、広告は内装デザインの一部となっており（カラー写真15)、品川駅での広告パネルも同様に考えられている（カラー写真16）。

④広告とサインが分離されている

　日本では広告の配置に対する美的観点が考慮されていないことが多く、駅の広告が案内表示と混在していたり、それらの区別がよく考えられていなかったりする。

　駅の出入口には可能な限り広告を配するべきではなく、また、乗客が鉄道の情報を必要とする券売所と案内所では、広告を制限し、商業エリアと待合所に集中するべきである。一方、通常、面白みのない場所である駐車場では広告をうまく活用することができる。

図2.2-13　恵比寿駅の広告

図2.2-14　インテリアデザインのようなセーヴル・バビロン駅（パリ）の広告

（９）線路空間

　線路空間とは線路の外観を構成する構造物、架空線、軌道からなる空間を示すが、その線路空間は、地上、高架、地下など前後区間との連続性、列車運行の安全性・快適性、車両の走行能力、線路施設の施工条件などを勘案して様々な高さに設置される。線路施設は周辺の他の施設と比べ規模が相対的に大きいので、地上もしくは高架に施設を配置する際には、景観に配慮をしないと、構造物としての特徴を失い、時として美しさを著しく損なう事になる。このためデザインや配置を工夫することにより影響を少なくする事が必要である。わが国でも少しずつではあるが、この観点からの工夫が見られるようになってきた。例えば、中央線の東京駅付近の高架橋は桁に丸みを持たせることで圧迫感を抑えている（図2.2-15）。また、鹿児島市の路面電車ではヨーロッパの都市にならい、軌道に芝生を植え、これが街の景観の向上に大きく貢献している例もある（図2.2-16）。

図 2.2-15　桁に丸みを持たせた東京駅付近の高架橋

図 2.2-16　路面電車の芝生軌道

（１０）車両の内装と外装

　鉄道車両は、鉄道景観の一部を構成する要素である。車両の形状、彩色等外装が車両を運行する沿線地域と調和している場合、鉄道景観は美しいものとなる。車内のデザインは乗客にとり重要な景観である。床、壁、天井などの色、素材、椅子、網棚等のデザインが車内景観を美しくする要素である。ドイツ IC（Intercity：日本の特急に相当）とドイツ ICE（Intercity Express：日本の新幹線に相当）の列車は、可能な限りシート間隔を広く確保するなどゆったりとした車両である。多くのヨーロッパの通勤電車の内装は、広告が無く、シンプルかつエレガントである（例：ストックホルムの通勤電車；図 2.2-17）。また 1980 年代から欧米の多くの都市で急速に整備が進んだ LRT の車両は、いずれも外装、内装のデザインが凝っている。

　日本では JR 九州の車両が外装と内装に工夫を凝らしていることで有名である。日本の著名なデザイナー水戸岡鋭治による新幹線、在来線特急、観光列車は内装、外装のデザインに配慮し、また座席やテーブルに九州の山から調達した木材を活用するなど、九州の地域特性と調和させることを極力試みている。

　日本の大都市の都市鉄道車両は、ヨーロッパの都市鉄道と比べ、JR、私鉄、地下鉄のい

ずれも、車両の中と外に多量の広告が配されている。膨大な広告は、車両の居住空間の天井を含めた上部空間の壁面を占領し、視覚的に車両の居住空間をより狭く感じさせる。また、LRTについてはヨーロッパと同様に、視覚的に魅力あるものとなっている（例：富山地方鉄道「セントラム」；図2.2-18）。

デザインに配慮された車両は街の景観と調和し、美しい鉄道景観を作り出す。

図2.2-17　シンプルな車内デザインのストックホルムの通勤電車

図2.2-18　日本でも導入が進むLRT車両である「セントラム」（富山）

２．３　車窓からの風景としての鉄道景観の美しさ

鉄道景観には車内から旅行者が見る車窓からの景観もある。乗客の多くは車窓から移りゆく景色を見ることを好むが、それは、常に変化しているからである。変化の程度は、列車の速度、窓の配置や大きさ、車外の風景により決まる。特に郊外の場合、のんびりとした速度のローカル鉄道からは、車窓に流れる美しい田園の景色を楽しむことができる。

ただし、時速300kmの速度で走る高速鉄道からの場合、車窓から見える「動く景色」は、まるで映画の映像を早送りしているようで、景色を十分に楽しむことが難しい。速度向上は移動時間を短縮するが、人間の視界が狭まってしまうため、結果的に車窓の景色を歪め、風景を楽しむ機会を低減させる。

また、市街地を運行する列車では多くの建物が建ち並んだエリアを縫うようにして運行される場合が多く、車外の風景は、ケーブルや看板、そして掘割構造の壁などで視界を遮られる。また、地下空間を走らざるを得ない場合は、旅客は閉塞感を感じるかもしれない。

以上のように高速鉄道や市街地を走る都市鉄道では車窓の楽しみが乏しい場合が多い場合は、乗客の意識は車内に向くため、車窓からの景色だけでなく、車内の内装デザインの重要性が高まるのである（カーペンター1994；ワトキンス1981）。

3 ヨーロッパの鉄道駅の景観

本章では、ヨーロッパにおける鉄道駅の景観について、「鉄道駅ルネッサンス」に先駆的に取り組んでいるドイツとフランスを例に、そのデザインの特徴を概観する。

3．1 ヨーロッパの鉄道駅
3．1．1 ヨーロッパにおける「鉄道駅ルネッサンス」

ヨーロッパでは、1980年代から21世紀の初めころまでの期間を「鉄道駅ルネッサンス」の時代と呼んでいる。鉄道駅ルネサンスでは高速鉄道の整備に重点が置かれ、そのため高速鉄道の駅もそれに相応しく改良された。また、併せてターミナル駅等、他の駅についても再整備が行われた。「鉄道駅ルネッサンス」の最も大きな成果は、駅舎の改築と機能向上による既存駅の再生、そして駅舎の新設であった（ゾーン 2001）。

「鉄道駅ルネッサンス」は、ドイツや高速鉄道 TGV の導入、地下鉄の改良を同時に実施したフランスで始まり、それ以来、各都市に特徴的な新駅が建設されるようになった。「鉄道駅ルネッサンス」の基本的な考え方は、以下のように整理される。

■鉄道駅ルネッサンスの基本的な考え方
- 駅の再生を、都市再生プロジェクトの一部としてとらえること
- 駅舎のデザインは、空港のように上品で近代的なものであること
- 駅ビルはその周辺も含めた計画やデザインを持つ建築物としてとらえること
- 地下鉄の駅、ライトレール(Light Rail Transit： LRT)の駅、バスの停留所、駐車場、自転車専用道および歩道橋等を輸送施設としてネットワークでつなぎ、マルチモーダルとしての計画とデザインがされていること
- チケット発券、待合室、乗換、買い物、レクリエーション等の機能を併せ持ち、「シームレスな旅行」を可能とすること
- 鉄道駅の計画は総合的なアプローチでなされ、公共が住民と共同してパブリック・インボルブメントの方法により実施されていること
- 鉄道駅の役割を、単なる移動の手段から、文化の創造、持続可能な開発、都市の再開発および安全で快適な輸送に変化させること

3．1．2 コンテクスト・センシティブ・デザイン(CSD)

「鉄道駅ルネッサンス」の理念は、アメリカのコンテクスト・センシティブ・デザイン(Context Sensitive Design: CSD)の考え方に類似している。CSD とは、コンテクスト、すなわち「文脈」を読み取り、デザインによってその文脈を補強・編集するという考え方である（篠原修編、景観デザイン研究会著：景観用語辞典、彰国社、p.142～143、1998.11）。本書で用いている鉄道駅デザインにおける「文脈」とは、いわばその土地の地形、土壌、気候などの自然的条件や、その自然的条件のもとに刻まれた歴史、その歴史を経て形成され

た地域社会、文化、景観などを包含したものと考えることが出来る。

1980 年代までのモータリゼーションの発達にあわせて、ヨーロッパやアメリカにおいて鉄道を含む交通インフラのデザインは規格化が進んだ。しかし、1990 年代を境に高速道路の設計に変化が起こり始めた。すなわち、高速道路の設計者、建設者は高速道路が自然環境や地域社会に及ぼす影響についてもっと気を配る必要があると考えるようになった。

こうした考えは、ヨーロッパで先行的に取り入れられたが、その概念はアメリカで生まれた「Context Sensitive Design: CSD」または「Context Sensitive Solutions: CSS」という言葉で知られるようになった。

1990 年代の初め、あるいはその少し以前から、スウェーデン、デンマーク、オランダ、イギリス、ドイツなどの国では単に輸送手段の高速化を目指すだけではなく、利用者の様々なニーズに応えるような設計を行うようになっていた。

1991 年にはアメリカで総合陸上輸送効率化法(Intermodal Surface Transportation Efficiency Act: ISTEA)が可決された。これは高速道路の設計に際して他の交通機関との連携の促進をはかることを狙いとしたものであり、そのために「柔軟なデザイン」を取り入れるようにするものであった。この考え方は、その地域で暮らす人、働く人、旅行する人など全ての人を念頭に、道路の沿道地域に与える影響を考慮する意味で「Thinking Beyond the Pavement」と呼ばれていた。

1997 年、アメリカの連邦高速道路局(Federal Highway Administration: FHWA)は、「高速道路のデザインにおける柔軟性(Flexibility in Highway Design)」を出版した。これは、環境と調和した高速道路をデザインするため、道路デザインにおける景観的美しさの重要性を強調した画期的なガイドラインであった。このガイドラインは、その土地や地域社会を保全、再生しながら高速道路を改良する方法を示したものであり、これにもとづき、事業者は開かれた学際的なフレームワークの中で、CSD の本質である、安全性や移動性と同時に、美しさ、歴史性、景観的な価値に配慮した道路のデザインを行うべきとされた。「Thinking Beyond the Pavement」は、このなかでCSD または CSS という概念に発展した。

アメリカの運輸省(Department of Transpotation: DOT)は、コネチカット、ケンタッキー、メリーランド、ミネソタ、ユタの 5 つのパイロット州を選び、この CSD の考え方や実践をFHWA と一緒に定義づけ、研究を始めた。

1998 年、メリーランド州の高速道路管理局は「Thinking Beyond the Pavement」と題する安全性や輸送効率とともに地域社会や環境を踏まえた高速道路の総合的な開発のための全国ワークショップを開催した。このワークショップは CSD を初めて定義づけるものであり、これ以降、CSD、CSS の概念は急速に広まることとなった。

CSD は、FHWA と米国全州道路交通運輸行政官協会(American Association of State Highway and Transportation Officials: AASHTO)による「道路に関する国家共同研究(National Cooperative Highway Research Program: NCHRP)」を通じて深められ、その成果は、Green Book(政府刊行物)である「高速道路と道路の幾何学的デザインにおける方策

（A Policy on Geometric Design of Highways and Streets）」（AASHTO, 2001）や「コンテクストを意識したソリューションのための実践ガイド（A Guide to Best Practices for Achieving Context Sensitive Solutions）（NCHRP Report 480）」（NCHRP, 2004）等の多くの本やマニュアルとして出版されている。最近では、2010 年にアメリカの交通工学会（Institute of Transportation Engineers: ITE）とニューアーバニズム会議で作成された「歩きやすい都市部の道路をデザインする（Designing Walkable Urban Thoroughfares: A Context Sensitive Approach）」が作成されている。

　DOT によると、CSD とは「安全性と移動性を保持しつつ、その土地の物理的条件に合わせ、景観、美しさ、歴史的・環境的資源を保全する輸送機関開発のため、全ての利害関係者が協働し、学際的に取り組むアプローチ」と定義されている（http://www.fhwa.dot.gov/csd/）。

　すなわち、CSD は、利用者や近隣社会および環境面のニーズを満たす公共事業の手法であり、早い段階からの継続的な市民参加を通じて作成された新たな解決策を柔軟に受け入れるものである。地域の問題を特定・解決し、すべての利害関係者のニーズをバランス良く満たすためには、地域の人々が重要な役割を果たすこととなる。また、こうして早い段階から市民参加が行われることで、事業に係るコストや時間を削減し、より効率的な事業の推進に寄与することが出来る。

　ちなみに、ミネソタ州の運輸省では、CSD のための 6 つの重要な原則として、以下のものを掲げている（http://www.vtpi.org/tdm/tdm57.htm　2010）。

■CSD のための 6 つの重要な原則
1. すべてのプロジェクトで安全性、移動性、地域社会および環境面での目標のバランスをとること
2. 市民および関係機関を早期の段階から継続的に参加させること
3. プロジェクトのニーズに応じた学際的な体制を構築すること
4. すべての交通機関が連携すること
5. デザインの基準を柔軟に適用すること
6. より良いデザインのための重要な要素として「美しさ」を取り入れること

　この CSD の概念は主としてハイウェー・プロジェクトを中心に研究が進められてきたが、鉄道を含むすべてのタイプの交通インフラが対象となるものである。

　各国の交通インフラの整備が道路建設に向けられ、鉄道は長期にわたって重要視されていなかったが、1990 年代以降、飛躍的な高速鉄道技術の向上と鉄道の持つ環境的利点は、再び鉄道の整備に目を向けさせることとなった。フランス、オランダ、イギリス、アメリカ、日本の各国は、都市間を頻繁に行き来する長距離高速鉄道網や国際的な高速鉄道網の整備を進めた。鉄道会社は新しく洗練された駅を導入し、その重要な建造物は都市のランドマークとなった。これが「鉄道駅ルネッサンス」の起源であった。

鉄道のデザイナー達は、道路のプロジェクトと同様、路線や駅を決める前に、市民参加による注意深い研究と総合的な調査・分析を行ない、駅の置かれた地域の環境や歴史に応じた柔軟なデザインを行うようになった。

３．２　ドイツの鉄道駅

　ドイツでは、東西ドイツの統一に伴い、1994 年にドイツ鉄道株式会社(Deutsche Bahn AG: DBAG)に統合、民営化が行われた。その後、何度か組織の分割・再編が行われ、2011 年現在は、インフラの管理と運行を行う DB Netze Fahrweg、駅の整備や管理を行う DB Netze Personenbahnhöfe、エネルギー部門を担当する DB Netze Energie の 3 事業部門と、子会社グループである DB Mobility Logistics (DB ML AG)に 6 つの事業部門を有している。DB Netze Personenbahnhöfe が行っている駅舎のデザインで特に注意すべき点は、恒久的に人々に受け入れられる建築様式の採用と、公衆にアピールする魅力的な場所の創出である。それらの特徴は、ドイツ鉄道の新しいロゴのような視覚表現、優れたデザインを用いた車両、人が行き交うエリアと列車を待つためのエリアとを分離するように計画されたプラットホーム等に見ることができる。新しいデザインの例では、建築物や駅の外観に注目が集まるように、ステンレス、マイルドスチール、ガラス、合板が使われている。また、アルミニウム製の椅子やベンチ等に表面加工した高品質の材質が使われているものなどがある。プラットホームの設備は、広告、案内掲示板、分別収集式のゴミ箱、自動販売機、電話ボックスなどにいたるまで新たにデザインし直され、統一されたデザインとなった。

　ドイツ鉄道による「鉄道駅ルネッサンス」の実践により、各駅では旅行センター、案内所、休憩所、荷物預かり所、レストラン、軽食堂、小売店に加え、途中下車のための休憩エリアが改装あるいは新設され、様々なサービスが提供されるようになった。また、ボン、ブレーメン、デュッセルドルフ、エッセン、フランクフルト・アム・マイン、カールスルーエ、キール、ミュンヘン、ニュルンベルク、シュツットガルト等の中心的な駅では、パーク＆ライド専用の大規模な駐車場が整備されている。

　「鉄道駅ルネッサンス」は大規模な歴史あるターミナル駅をはじめとして、中小規模の駅の近代化、ベルリンや他の都市での新しい駅の建設、空港駅の計画策定や建設などを推進することとなった。「鉄道駅ルネッサンス」は、ドイツ鉄道に限らず、地方自治体の地下鉄、路面電車、1980 年代からの LRT を含む他の鉄道会社でも展開されている。

３．２．１　ドイツ鉄道の駅の再生

　ドイツには 16 の州に約 5,600 の駅がある。ドイツ鉄道と地方公共団体が共同して、これらの駅を近代化した結果、街や地域全体が魅力的になった。

（１）ベルリン東駅(Berlin Ostbahnhof)

　ベルリン東駅はフランクフルト・オデール－ベルリン線のターミナル駅として 1840 年に設置されたベルリンで 3 番目に古い駅で、エドアルト・レーマ(Eduard Römer)によって設

計された。

戦前の建物は 1986 年に取り壊され、東ベルリンの中心駅として再建された。1999 年には再び大部分が作り直され、2002 年に完成した。駅の事務所やファサード、プラットホームの一部などを除いて 1980 年代の構造はほとんど残されなかったが、石や煉瓦などの古い素材を用いて新しいデザインが行われた。

3 階建ての駅ビルを改装し、駅舎にはホテルとショッピング街のある 2 つの巨大オフィス棟が併設された。隣接するショッピングモールと駅舎内のホテルは、ラム・ウェバー・ドーナス建築事務所(Lamm Weber Donath)によりデザインされ、3 階建て 12,000㎡ の施設内には、多様なサービスを提供する 50 以上の店舗が入っている。

この駅は、ベルリンのランドマークの一つとなった。駅南側にあった郵便局は復元され、隣接する貨物駅は 2003 年に解体されてコンサートホールや展示ホールなどが入る多機能文化施設「イースト・サイド・ギャラリー」として生まれ変わり、冷戦時代に建設された「ベルリンの壁」の名残を今に伝えるオリジナルの一部が展示されている。駅を中心とした地区は、歴史的継続性のある雰囲気とともに、美しく快適な環境を提供している。

■デザインの概要

・ ベルリン東駅は建築設計事務所ゲーバス・キューン＆キューン(Gewers, Kühn & Kühn)が手がけたものである。ガラスを使った正面入口には片持ち梁で透過性の高い屋根が採用され、入口のホールは柔らかい日の光のあふれる雰囲気が醸しだされている。そして、エスカレータは、駅のすべての階層へのアクセスを提供している。

・ 歴史的な外観を有する 1986 年以前の駅ビルの改築では、古いレンガやインテリアを採用するとともに、近代的なガラスパネルを組み合わせている(図 3.2.1-1)。

・ 第二次世界大戦中に破壊され、後に、1999 年にデヴィッド・クェフター(David Kolöchter; Kolöchter & Partner Werbeagentur GmbH)により再建された歴史あるプラットホームは、今は大きなガラスに覆われた現代的な外観を持っている(図 3.2.1-2)。なお、プラットホームの屋根や壁については、現在、ゴスレルキンツ・クレエンバウム・アーキテクテン(Gössler Kinz Kreienbaum Architekten)により、さらなる近代化が図られている。

図 3.2.1-1　古いレンガと近代的なガラスを組み合わせた外観（ベルリン東駅）　　図 3.2.1-2　大きなガラスに覆われた現代的な外観のプラットホーム（ベルリン東駅）

（2）ライプチヒ中央駅(Leipzig Hauptbahnhof)

　ザクセン州ライプチヒのライプチヒ中央駅は、1906 年に建設された。かつてのザクセン王国とプロイセン王国両政府が開催したデザインコンペで選定されたウィリアム・ロッソウ(W. Lossow)とマックス・ハンス・キューネ(M. H. Kühne) によってデザインされた。26 のプラットホームを持つその駅舎は、289m のファサードを有していた。2 つの鉄道会社の駅として、エントランスホール、外階段、待合室をそれぞれ 2 つ備えた立派な建物で、交通拠点としての機能を超え、建築物として素晴らしいものであった。この駅舎は第二次世界大戦で破壊された後、1965 年にオリジナルデザインで再建されたが、折からの自動車交通の隆盛に伴い、利用客が減少したため、その後のメンテナンスは十分に行われてこなかった。

　1990 年代に行われたこの駅舎の近代的な改修は都市再開発のきっかけともなり、民間主導の地域コミュニティが参加して、CSD を提案、実践した。この 2 回目のコンペにより駅舎のオリジナルデザインの一部が再生され、ライプチヒ中央駅の修復(1997)は成功プロジェクトとなった。駅舎の近代化により、駅舎正面及び 1915 年に完成した歴史的な屋根付きプラットホームの修復および拡張が行われ、建物のファサードは近代的で美しいものとなり、石の構造物が修復された。プロジェクトの第二段階では、1915 年に建設された歴史あるプラットホームとそれを覆う建物が改築された。また、新しくショッピングとレストランの空間が創出され、3 階建てのショッピングモールが開発された。

　ライプチヒ中央駅は、旅行や買い物に非常に便利な駅となった。プラットホームと駅のホールは、非常に広く、明るい。ライプチヒ中央駅は、最も成功した駅舎改良プロジェクトの一つとして評価された。プロメナーデンは、駅の活性化の最先端事例として、2004 年に米国の非営利都市開発シンクタンクであるアーバン・ランド・インスティテュート(Urban Land Institute：ULI)のアワーズ・フォー・エクセレンス（Award for Excellence）を受賞した。この賞は不動産市場で最も権威ある表彰制度として広く知られている。

■デザインの概要
- この駅のデザインの本質は、プラットホームの天井の開放性と地上 2 階から地下 1 階まで広がる新しいショッピングモール「プロメナーデン」(Promenaden)により、縦方向の広がりを作り出すことであった(図 3.2.1-3)。
- 文化的遺産に配慮した駅構造の保存や歴史性のあるプラットホーム空間のガラスパネルによる近代化など、伝統と近代建築の融合をはかった(図 3.2.1-4)。
- 駅ホールの開放性や自然光の活用という空港ターミナルと同様のコンセプトを採用した。
- 情報サインは美しく、デザインコードによって統一されている。

図 3.2.1-3　ショッピングモール「プロメナーデン」(ライプチヒ中央駅)

図 3.2.1-4　歴史的な構造と近代的なガラスパネルが融合したプラットホーム(ライプチヒ中央駅)

（3）ドレスデン中央駅(Dresden Hauptbahnhof)

ドレスデン中央駅はザクセン州の州都ドレスデンにあり、エルンストギース＆ポールウェイドナー(Ernst Giese and Paul Weidner)によってデザインされ、1898年に開業した。頭端式プラットホームの18の路線を持ち、プラットホームは3つの屋根で覆われている。同駅は1997年から2006年にかけて改良が行われた。この駅の再開発プロジェクトは、イギリスのノーマン・フォスター卿(Sir Norman Foster)によって実施された。

この再開発では、パーク＆ライドシステムを取り入れ、LRTやバスなど他の都市交通手段との接続も非常に便利なものとしている。また、駅はデザインの面でも成功し、フォスターによるガラスのドームは、ドレスデンの新しいランドマークとなった。そのデザインは、もともとあった歴史的な建造物と新たに改良された部分をうまく調和させている。なお、再構築された建物は遺産的建築物に対する賞である2007 IStructE（英国構造技術者協会：ロンドン）を受賞した。

■デザインの概要
- オリジナルデザインを完全に再現した。
- 高さ34mのガラス張りのドームを設置した（図3.2.1-5）。
- 歴史ある待合室と調和した旅行センターやショッピング・アーケードをデザインした。
- プラットホームの屋根は新しいグラスファイバーで覆っている。それにより、30,000m^{2}に及ぶ屋根のオリジナルな構造を活かしたまま、日中は日の光を取り込み、夜間は内部の光を反射させることで明るく見せる配慮を行った（図3.2.1-6）。
- 駅前のウィーン広場において路面電車と結節させた。

図3.2.1-5　ガラス張りのドームの外観（ドレスデン中央駅）　　図3.2.1-6　グラスファイバーで覆われたプラットホーム（ドレスデン中央駅）

３．２．２　ドイツ鉄道における新駅

　ドイツ鉄道の駅の新設は、都市内鉄道や都市間高速鉄道(Inter City Express: ICE)の駅で行われている。ここではベルリンを例に紹介する。

（１）ベルリン中央駅(Berlin Hauptbahnhof)

　19世紀のベルリンの長距離鉄道駅の歴史において、1871年に建設されたレールテ駅は最も新しい駅のひとつであった。しかし、このレールテ駅は自動車利用の増加により1959年に取り壊された。1990年代以降にドイツ鉄道が実施した「鉄道駅ルネッサンス」では、このレールテ駅の位置にベルリンの鉄道ネットワークの要所として、駅周辺エリアを含めた再開発によりベルリン中央駅を2006年5月28日に開業させた。この新しいベルリン中央駅はシュプレー川を挟んで反対側に連邦議会議事堂、大統領官邸、議員会館が位置する首都の中心となった。

　ベルリン中央駅は、ベルリンの長距離鉄道と地域鉄道をネットワークする「マッシュルーム・コンセプト」と呼ばれる南北長距離路線計画の一部を構成している。Sバーンの市内環状線、東西線(E-W)、南北線(N-S)が交差するところに位置し、このプロジェクトの完了により、ICE、Sバーン、地下鉄(Uバーン)、バス、LRTをつなぐ乗換駅となる。

　駅のデザインは、ベルリンの土地利用計画に関する戦略に基づいたものであり、コンペによって選定された。コンペの結果、マスタープランはオズワルト・マティアス・ウンガース＆パートナー(Oswald Mathias Ungers & Partners)に、建築はゲルカンマルク＆パートナー(Meihard von Gerkan, Marg & Partners)に、丸天井の屋根と橋の構造デザインはシュライヒ・バーガーマン＆パートナー(Schlaich, Bergenmann & Partners)にそれぞれ委託された。

　駅舎は5層構造であり、地上から10mの高架にある一番上の階には、東西に走る4つの長距離列車の線路、2つのSバーンの線路、3つのプラットホームが置かれ、321mにおよぶ曲線的な鋼鉄とガラスの屋根で覆われている。それと交差するように、南北に延びる160m×40mの5階建ての建物がある。地下15mにある一番下の階には、シュプレー川やティアガルテン(公園)の地下を通ってポツダム広場に続く新しいトンネルが整備され、南北方向に長距離列車の8つの線路と4つのプラットホームが設置されている。また、ベルリン中央駅とブランデンブルク門をつなぐUバーンの55号線(2009)延伸線2線のプラットホームも設置され、「交差」という駅の特徴を強調するものとなっている。

　駅舎は、中央のメインホールと2つのタワー、そして5階のプラットホームを覆う屋根で構成されている(図3.2.2-1)。中央のメインホールは東西に延びる屋根と同じような曲線の鋼鉄とガラスの屋根で出来ている。28基のエスカレータと6基の展望エレベータが置かれ、躍動感を与えている。2つのタワーに支えられた中央のコンコースには、44,000㎡におよぶ商業施設がある。駅は約35万人/日の利用者がおり、5つの階すべてに商店、レストラン、サービス施設等が並び、それらを巡りやすく使いやすい構造となっている。

これらの建物はダイナミックなものであり、透明で内部に自然光が降り注いでいる。駅に到着した乗客は、その場で眼前に拡がるベルリンの街を体験することとなる。また、外部から見ても、ベルリンの政治的統一と発展を象徴するランドマークとなり、ガラスと陽光に包まれた新しい近代的な建築は、未来をイメージさせるものとなっている。

　プラットホームは、ドイツ鉄道のデザインコードに基づきデザインされ、この駅の特徴として主に自然石で仕上げられている。

　開業以来、旅行者にとっても地元の市民にとっても、旅行のための施設というだけではなく、それ自体が魅力ある観光地であり、人気の目的地となった。また、シュプレー川を渡って国会や官庁街に続く便利なアクセスを提供している。

■デザインの概要

- 駅舎は高架のプラットホームを包むアーチ型のガラスのチューブで構成されるデザインが特徴的である。
- 巨大で開放的な空間をもつ吹き抜けの駅ホールには上層階から自然光が差し込んでいる(図 3.2.2-2)。
- 6 つのガラス張りの大型エレベータからは駅の広々とした空間を見渡すことができる。
- 商業機能と乗降機能を空間的に分離し、判りやすいものとしている。
- 駅の複合施設は、地区開発計画の重要な要素となっている。巨大で特徴のあるプラットホームの屋根は他のビルとは違う雰囲気をもち、再生された地区において象徴的な役割を果たしている。
- 駅前広場、通りなども考慮した駅の景観デザインである。
- 駅南側の広場に面してベルリン特別市政府が位置することから、当初のデザインでは広場に屋外水族館や水中庭園が提案されていた。しかし、この駅前広場プロジェクトは 2016 年時点においてはまだ実現されていない。
- 駅の周辺には、ベルリンの特徴である街灯の続く並木道が整備された。

図 3.2.2-1　2つのタワーとメインホールからなる独特の外観（ベルリン中央駅）　　図 3.2.2-2　自然光が差し込む吹き抜けの駅ホール（ベルリン中央駅）

（2）ポツダム広場駅(Bahnhof Potsdamer Platz,ベルリン)

　ベルリンのポツダム広場の地下にあるポツダム広場駅(2001)は、Sバーン南北線からの乗客をライプチヒ広場やポツダム広場周辺の新しい商業地区やオフィス街に導くための分かり易いアクセスを提供しており、通勤客を中心に約14万人/日利用者がいる。

　ポツダム広場駅は、東西ベルリン統一後の都心再生を目標とする「ポツダム・ライプチヒ駅前広場のための都市デザインアイデアコンペ」の公募により選出されたヒルマー＆ザトラー建築事務所（Hilmer & Sattler Architects）によるデザインが採用され、中層の建造物により構成されている。

　駅舎は他の目立つ建物の間に位置しているにも関わらず、ポツダム広場のランドマークとなっている。また、その単純なデザインは美しく、機能的である。

■デザインの概要
- 地上部分は、2つの大きな長方形のガラスのエントランスからなっており、駅名やドイツ鉄道のサインはすぐに判別出来るものとなっている（図 3.2.2-3）。
- 広々とした入口とシンプルで明確なデザインの地下コンコースが商業エリアに通じ、判りやすい。
- 全体的に近代的でシンプルでクリーンなデザインとなっている。
- 駅前広場には芝生で覆われた三角形の巨大な緑地が整備されているなど、特徴的な「ガラスと緑の景観」を呈している。

図 3.2.2-3　ガラスのエントランス（ポツダム広場駅）

3．2．3　高速鉄道の空港駅

ドイツ鉄道の高速鉄道フランクフルト空港駅（Frankfurt am Main Flughafen Fernbahnhof）やケルン・ボン空港駅（Köln-Bonn Flughafen Bahnhof）などは、高速鉄道で空港と周辺都市とをつなぐ新しいスタイルの空港ターミナル駅である。これらの駅舎はプラットホームへの採光、スチールとガラスを使った透過性の高い軽量屋根の活用、カラフルな照明等を含む印象的な建築様式が共通する特徴となっている。

（1）フランクフルト空港駅（Frankfurt am Main Flughafen Fernbahnhof）

フランクフルト・アム・マインは、ヘッセン州の州都である。フランクフルト空港駅は、建築部門のコンペを制した建築事務所ボーテ・リヒター・テヘラニ（Bothe-Richter-Teherani）による設計で2000年に完成した。2011年には、既存の駅の上に、ビジネスセンター、ホテル、ショップ、レストランを持つ9階建ての複合ビルが完成した。

フランクフルト空港駅は、空港ターミナルのようなイメージを持つ次世代型の駅である。そのデザインは優れており、美しく、いろいろなサービスを提供し便利である。駅は他の交通手段と接続しているため機能的であり、利用者にとって判りやすい。

■デザインの概要
- 新しい駅は、メインの空港ビルと平行に建設され、高速道路により分離されているため、歩行者専用の橋で駅と空港ビルをつないでいる。
- 駅は、異なるデザイン、機能、雰囲気を有する3つの階層からなっている。
- 建物は、透明なガラス屋根で覆われ、明るく魅力的な内装である。また、スチールとガラス屋根の下に待合いスペースがある（図3.2.3-1）。
- 駅のプラットホームは、採光のため、天井に大きな開口部がある（図3.2.3-2）。また、非常にきれいな外観で、サインのデザインも優れている。
- 駅舎の内部と光が差し込むプラットホームではカーテンウォール、エレベータ、手すり部分、照明などにガラスが多用されている。

- 28 -

図 3.2.3-1 ガラス屋根で覆われた明るく魅力的な空間（フランクフルト空港駅）　　図 3.2.3-2 天井に採光のための大きな開口部があるプラットホーム（フランクフルト空港駅）

（２）ケルン・ボン空港駅（Köln-Bonn Flughafen Bahnhof）

　2003 年に完成したケルン・ボン空港駅は、環境保護のため駅舎の 1/3 はトンネル構造とされた。駅は、建築事務所マーフィー＆ヤーン（Murhy & Jahn）と構造技術者ヴェルナーソベック（Werner Sobek）によって設計された。このヴェルナーソベックは、東京駅の新しい八重洲口の幕屋根"グランルーフ"の共同設計者でもある。トンネル構造以外の部分は幅 150m、長さ 40m の軽量スチールとガラスの屋根、コンクリートむき出しの壁に覆われている。

　ケルン・ボン空港駅は、明るく、色彩によってアクセントがつけられ、空港ターミナルを思わせる現代的なデザインである。このような最新の駅は、空港へのアプローチを便利なものとし、快適な旅行を提供している。

■デザインの概要
- スチールとガラス屋根に覆われたプラットホームは、フランクフルト空港駅のプラットホームと同様に日の光が差し込み明るい(図 3.2.3-3)。
- 駅全体が近代的なバリアフリー施設で、カラー照明、ガラスと調和した手すり、エレベータ、床、階段などが特徴的である(図 3.2.3-4)。

図3.2.3-3 自然光が差し込むプラットホーム（ケルン・ボン空港駅）

図3.2.3-4 近代的なバリアフリー施設（ケルン・ボン空港駅）

3．3　フランスの鉄道駅

1980年代より、フランス国鉄（Société Nationale des Chemins de fer Français: SNCF）やパリ交通営団（Regié Autonome des Transports Parisiens: RATP）などのフランスの公共交通機関は、鉄道のイメージアップのために、鉄道旅行の見直しや「鉄道駅ルネッサンス」を強化する方策の導入と実践を積極的に押し進めている。

3．3．1　フランス国鉄の駅の再生

フランス国鉄は、鉄道改革の一環として、1997年にLGV新線の建設を含む全国的な鉄道整備を行うフランス鉄道線路事業公社（Réseau Ferré de France: RFF）と鉄道運行を担うフランス国鉄に分離する形での再編が行われた。また、2008年からの組織改革で、2009年以降、フランス国鉄には次の5つの主要な事業分野がおかれた。

1. SNCF Infra： 鉄道ネットワークの運用・管理、建設、改築、エンジニアリングを担当
2. SNCF Proximités：地域圏急行輸送（Transport express regional: TER）、大パリ圏の鉄道（Transilien）及び都市間鉄道（INTERCITÉS）などの近距離輸送を担当
3. SNCF Voyages：TGVなどの長距離輸送を担当
4. SNCF Geodis：貨物輸送を担当
5. SNCF Gares & Connexions：駅の整備や管理を担当

2009年に設立されたSNCF Gares et Connexionsは3,000に及ぶ駅の管理を行っている。また、その100%子会社であるAREP（Agence des Gares）が駅の構造や建物のデザインを担当している。AREPは、ジャン・マリー・デュティーユ（Jean-Marie Duthilleul）と土木技師エティエンヌ・トリコー（Etienne Tricaud）によって1997年に設立され、現在では海外プロジェクトも行い、500人強の従業員を有している。

なお、2015年1月1日に、フランス国鉄は次の3つの主要な事業分野に再編が行われた。

■フランス国鉄における3つの主要な事業分野（2015年以降）
1. SNCF EPIC（SNCF Immobilier）： 戦略とサポートを担当

2. SNCF Réseau EPIC（SNCF Réseau）：鉄道ネットワークの運用、管理、建設、改築、エンジニアリングを担当

3. SNCF Mobilités EPIC：乗客や貨物の輸送を担当。これはさらに、SNCF Voyages、Keolis、SNCF Logistics に分かれており、SNCF Voyages が、TGV などの長距離輸送や地域圏急行輸送、大パリ圏の鉄道及び都市間鉄道などの近距離輸送を担当し、さらには駅の整備や管理を担当する Gares & Connexions なども含んでいる。

かつて、フランス国鉄の駅には安全な旅行環境や快適性、豪華さが求められた。そのため駅舎はファッショナブルな応接室を持ち、駅構内または駅近くに豪華なホテルやレストランが併設されるようになった。1920～1950 年において、駅は商業の中心地となり、1935 年にはサンラザール駅（Gare Saint Lazare、パリ）にショッピングモールが建設され、鉄道旅行の活性化が進んだ。1970 年代以降になると時間や空間を効率的に利用するため、駅舎における動線パターンを考慮した建築様式が取り入れられた。1980 年代になり、高速鉄道（Train à Grande Vitesse: TGV）の整備がはじまるとともに、駅デザインに関するフランス国鉄の政策が転換され、「鉄道駅ルネッサンス」が進められるようになった。

高速鉄道 TGV は SNCF Voyages が運営するフランスの高速鉄道サービスである。TGV が走行する路線網 LGV（Ligne à Grande Vitesse）は、1981 年にパリとリヨンを結ぶ LGV 南東線(LGV Sud-Est)の開通以降、パリを中心としたネットワークが形成され、隣接する国々に延長されていった。

SNCF Gares & Connexions は、鉄道駅は都市の賑わいのある拠点であるべきと考え、近代化を目的とした駅の改修の大規模なプログラムを実施してきた。このため、他の交通機関との接続を改良し、地域社会のニーズを反映した駅の設計を行っている。また、駅利用者の快適性の向上や各交通機関のリアルタイムな情報提供による利便性の向上をはかるとともに、商業施設、公共サービス、イベント等を取り込んだ駅の価値向上を目指している。近年では、環境面における負の影響を軽減するためのエコデザインを実施している。

「鉄道駅ルネッサンス」においては、高速鉄道 TGV の新しい駅の建設のみならず、主要ターミナル駅や郊外の駅の改築において、商業施設の設置、駅周辺地区の開発、LRT やバスなど他の輸送機関との乗り継ぎの利便性向上などを中心に進められ「鉄道駅ルネッサンス」のひとつの流れとなった。

フランス国鉄は、コーポレートデザインの強化、駅の再生による活性化、様々なサービスと乗降機能を結びつけた新しいタイプのアメニティの創出を通して「鉄道駅ルネッサンス」を推進するために、45 項目からなる駅の評価基準を導入した。それはフランス国鉄が示した「駅開発プラン（Plan d'Organisation des Gares: POG）」に基づくもので、乗降施設と商業施設の一体的な整備を推進することとなった。この基準の導入目的は、乗降に関連する設備や歩行者のための通路などが一体的なネットワークとして機能するように空間的配置の手法を確立することであった。この基準は、商業施設の配置を決定する商業開発プランにも適用されている。

（1）北駅（Gare du Nord；パリ）

　北駅は、1861〜1865 年にかけて建設が行われ、1864 年の供用以来、長年にわたり、駅の機能向上のために駅舎の拡充が行われてきた。北駅の再生は、1994 年の LGV 北線（LGV Nord）の開通とユーロスター（Eurostar）の乗り入れのために実施され、1990〜1994 年にかけてユーロスターターミナルの設置と屋根の建設、1996〜1998 年にかけてユーロスターターミナルの拡張が行われた。

　LGV 北線の開通により、北駅は、リール、ブリュッセル、アムステルダム、ロンドンなどヨーロッパ北部の都市とのアクセスが良くなり近代化された。プラットホームの新設や延伸だけではなく、1865 年のデザインのディテールを復元することによって再生がはかられた。後の時代に加えられた見苦しい改築は破壊され、元々の空間が美しく甦った。入口のファサードの背後には広々としたバルコニーが設置され、街の眺めと乗降客のための屋根を提供している。ガラス張りのエレベータとウッドデッキのあるプラットホームの通路は空間を強調している。オリジナルな石と金属の構造を慎重に再現することで、全体の調和が図られた。

　また、1992〜2001 年にかけて、主要路線のプラットホームの改良、駐車場への地下通路、近郊急行鉄道網（Réseau Express Régional: RER）と地下鉄線への連絡地下通路の建設などが行われた。すなわち、大パリ圏や郊外に向かう鉄道と RER　B 線および D 線、パリメトロ 4 号線および 5 号線との乗換駅のための改築が行われた。このプロジェクトでは、既存のホールが再生され、新たに 2 つのホールが建設された。新設されたホールは、現代的なデザインを用いながらも、古い歴史的な建物のスケールに調和するように細心の注意が払われた。2 つの乗降客用の屋根は完全に透明で自然光にあふれ、4 層の建物の中を通り、他の交通機関へのアクセスが判りやすくなっている。そのデザインは、POG に示された歴史的再生についてのフランス国鉄の政策に従うものであり、バリアフリーアクセスの実現を図るものであった。

　北駅の改良は成功した。新たに増築された部分は歴史的な建物を隠すことはせず、むしろ非常に控えめで歴史的な新古典主義の駅建築の素晴らしい背景となっている。北駅は、周囲のランドマークとなった。

```
■デザインの概要
・　　北駅の再生は歴史的な建物の改良と増築からなる。歴史的な建物は改良され、
　　　近代的に生まれ変わったが、その改良に際しては、元々の構造を注意深く研究
　　　し、出来るだけそれを再現するように努めた。こうした研究は増築部分の材料
　　　の選択（石、木、金属、ガラス）に反映された（図 3.3.1-1）。
・　　駅は既存の駅ホールの屋根と調和した 2 つのホールが増築された（2001）。ガラ
　　　スと金属で作られた新たな駅ホールは 5 階建てで、広々として非常に明るく、
　　　情報サインも理解しやすい（図 3.3.1-2）。
```

- ガラスで出来た駅舎は、内部に光があふれ、歴史ある駅舎や周囲の街路が見渡せる。このため、高速鉄道(LGV)、近郊急行鉄道網(RER)、パリメトロ(RATP)との乗り換えに十分なスペースを提供しており、それぞれの交通機関への入口は、デザインの違いにより見分けられるようになっている。例えば、パリ交通営団の入口は白いタイル貼りであり、RERの入口は梁と柱が赤く塗られている。駅の近代化においても駅のオリジナルな構造は保全された。

図3.3.1-1 歴史的な建物と近代的な増築部分からなる外観（北駅）

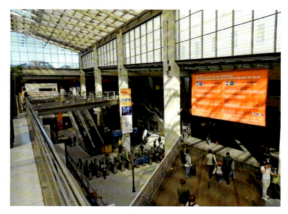

図3.3.1-2 広々として明るく利便性が高い増築部分の駅ホール（北駅）

（2）リヨン駅（Gare de Lyon；パリ）

リヨン駅は、1849年に最初の駅が設置され、現在の駅は1887年から1900年にマリウス・トゥドワール（Marius Toudoire）の設計に基づき建設された。

近年の再生は、AREPのエティエンヌ・トリコーとローランド・ルグラン（Roland Legrand）によるものである。プロジェクトは、LGV南東線（LGV Sud-Est）ターミナル駅の拡張、近郊急行鉄道網（RER）、パリメトロおよびバスへのアクセスの向上、周辺の通りからのアクセスの向上をはかるものであり、コンコースには商業施設などが設置され、駅と都市生活がつながっている。

現在は、既存の駅ホールの改良と新たな2つのホールの建設が、AREPのジャン・マリー・デュティーユとエティエンヌ・トリコーの設計で行われている。プラットホームは、LGVライン-ローヌ線（LGV Rhin-Rhône）の開通によって見込まれる乗降客の増加に対応出来るように拡張される。新しい駅は、復元された既存のホールの建築デザインと19世紀の大きな植物園の温室の伝統が反映されたものとなる。

2013年にはそれらのホールのひとつであり、中二階部分をガラスの壁と屋根で覆ったホール「Hall-2」が完成した。また、2014年には「ギャラリー・デ・フレスコ」ホールとホール「Hall-1」の間の新しいガラス張りのレセプションエリアがオープンした。

2016年現在、出札窓口の移動と新設、商業施設の設置、「ギャラリー・デ・フレスコ」の改装、出入口の整備などを実施している。2020年完成予定のこの改良では、古典的な19世紀の鉄道建築に調和したガラスの庇が付いた翼のような建物は、利用客のために様々な新しい空間を提供する。

> ■デザインの概要
> - 駅は、長年にわたる建て増しにより失われた駅舎の統一性を取り戻し、歩行者の行き交うエリアや地下空間が近代化された。
> - デザインコンセプトは現代的な要請に応えつつ歴史的な建造物の美しさを強調することであった。このため、新たに増築される部分は歴史的な駅舎のスタイルで再現されたが（図3.3.1-3）、乗降機能やサービスは近代的なものに改善された。
> - 駅のホールとプラットホームは、窓や壁、屋根を改良することにより、明るい空間となった。さらに植栽によってリフレッシュできる空間が創出された（図3.3.1-4）。

図 3.3.1-3　歴史的な建造物を再現した外観（リヨン駅）

図 3.3.1-4　明るさと植栽によりリフレッシュできる空間となったホール（リヨン駅）

（3）東駅（Gare de l'Est；パリ）
　東駅は、パリにあるフランス国鉄の主要ターミナル駅の一つであり、フランソワ・デュケニー（Francois Duquesnay）によって設計され、1849年に完成した。1931年には従来の駅と相似形をした駅舎が増築され、その規模は2倍となった。2007年6月10日のLGV東ヨーロッパ線（LGV Est européenne）の開通により、アルザス・ロレーヌ地方のストラスブール、ナンシー、メス、シャンパーニュ地方のランス、バーゼルおよびルクセンブルク、ドイツ（シュトゥットガルト）、スイス（チューリッヒ）への鉄道はTGVになった。このTGVの運行と同時に駅の改良が行われた。

33,100 m²におよぶ外壁面に開業当初と同様のアール・デコの装飾が施された。ガラスとタイルによるオリジナルのアーチは、「明るいアーチ」となり、3つの地下鉄線に続く垂直方向のアクセスを判りやすいものとした。地下のショッピングモールとして 2,000 m²の空間が拡張され、今後は様々な店舗やサービスのエリアとなる。また、自動車交通は駅前広場で規則正しく管理されている。こうした改良により、その場所と調和し、乗降客にとって便利で機能的な複合輸送システムのイメージを生み出している。このプロジェクトは 2008 年のブルネル賞を受賞した。

　2016 年にはシャルル・ド・ゴール空港と結ぶ CDG エキスプレス (Charles De Gaulle Express) が開通し、マジャンタ駅、東駅、北駅が直結した交通センターが形成された。これは、イル＝ド＝フランスの公共交通サービスを改善するための政府の計画である「グランパリプロジェクト」の一環であるが、2007 年に発表され、2008 年に首都パリの将来の発展のための都市計画と建築に関する国際的なコンペが行われている。

■デザインの概要
- 歴史的なファサードは洗浄され、きれいに修復された（図 3.3.1-5）。
- オリジナルのアール・デコの装飾とガラスのアーチ型の屋根を復元した。
- パリメトロ（4号線および7号線）へのアクセスや駅前広場の自動車交通の改善をはかった。
- 駅ホールの空間は再配置が行われ、2,000m² におよぶ新たな商業スペースは、交通サービスから分離されている（図 3.3.1-6）。

図 3.3.1-5　修復された歴史的なファサード（東駅）

図 3.3.1-6　駅ホールの再配置により分離された中央の交通機能と周辺の商業機能（東駅）

（4）サンラザール駅（Gare Saint Lazare；パリ）

　サンラザール駅は1837年に建設されたフランスで最も古い駅のひとつであり、旅客数でもヨーロッパ有数の規模である。しかし、駅舎は長年にわたり拡張工事が繰り返され調和の取れていない建物となっていた。2003年から2007年にかけて、主にプラットホームのエントランス部分を中心に改修が行われた。ステンドグラスを修復し、建物正面をきれいにすることによって、建物の歴史的遺産としての価値が向上した。2006～2008年には新たな入口が設置され、駅の中庭であるアムステルダムプラザ（Cour d`Amsterdam）が改装された。また、新しく電光掲示板やチケット売り場が設置された。2009～2012年初めまでには、新しく大きなコンコースが整備され、パリメトロ、道路、プラットホームの3つの階層が容易にアクセスできるようになった。2012年には、10,000 ㎡のスペースに80以上の店舗、サービス施設、レストランなどがオープンした。2013年までの最終段階においては、駅前広場や駅前の道路を一新した。これにより、歩行者にとって駅周辺の動線がより便利で使いやすいものとなり、新しい駅前広場は広々として、美しいものとなった。

■デザインの概要
- 歴史的なファサードはきれいに修復された（図 3.3.1-7）。
- 駅の改築に際しては、パリメトロ、道路およびRERの各階層を結ぶものとして、動線のわかりやすさと移動の円滑さを改善するようにデザインされた。
- 商店やサービス施設のための新たな空間を創出した（図 3.3.1-8）。
- 乗客のための新しいサインを設置した。
- 駅前広場から駅へのアクセスを改善した。
- サル・デパ・ペデュ（Salle des Pas Perdus）と呼ばれる駅ホールは吹き抜けとされ、地下へは階段とエスカレータで結ばれ、自然光が取り込まれている。

図 3.3.1-7　修復された歴史的なファサード（サンラザール駅）

図 3.3.1-8　商店やサービス施設のために新たに創出された空間（サンラザール駅）

３．３．２　フランス国鉄とパリ交通営団の乗換駅

　パリ市内の「鉄道駅ルネッサンス」では、都市再開発事業の一環として、地域圏急行鉄道網（RER）とパリ交通営団（以下、パリメトロ）との新しい乗換駅の建設が進められた。

　パリには市の中心部と郊外を結ぶ A、B、C、D、E の５つの RER がある。市の中心部の区間は地下を走っているが、中心部を抜けると、郊外のシャルル・ド・ゴール空港やユーロディズニーなど利用客の多い目的地に向け地上を走行している。RER の駅はそれぞれデザイン的な特徴がある。

　新しい駅のなかで最も特徴的な駅は、RER E 線のサンラザール駅（Gare Haussmann-Saint Lazare）とマジャンタ駅（Gare de Magenta）であり、いずれも大聖堂のような駅と呼ばれている。これらは比較的古い駅である RER A 線のナシオン駅（Nation；1969）、エトワール駅（Étoile；1970）、オーベール駅（Auber；1971）駅に似ている。

（１）サンラザール駅（Gare Haussmann-Saint Lazare; パリ）、マジャンタ駅（Gare de Magenta; パリ）

　サンラザール駅とマジャンタ駅はパリ都心の北部に位置し、地下駅へのアクセスは既存の建物を利用している。このうち、サンラザール駅(1999)は、パリの重要なビジネス地区の中心に位置し、デパートを有する巨大な複合施設で、パリメトロの 5 路線、RER の乗換駅である。また、旅行者は併設のサンラザール駅で長距離鉄道に乗り換えることができる。この 2 つの駅は、新しい近郊急行鉄道 RER E 線（Est Ouest Liaison Express：EOLE）の建設に伴うものであった。

　RER E 線はサンラザール駅とシェル・グルネー駅（Chelles Gournay）の間で 1999 年に開通した。また、1999 年にノワジー・ル・セック駅（Noisy le Sec）からベール・シュル・マルヌ駅（Villiers-sur-Marne）まで、2003 年にはトゥルナン駅（Tournan）までの支線が延伸された。2012 年から 2018 年にかけて、RER E 線はサンラザール駅からラ・デファンス駅（La Defense）まで延伸され、ラ・デファンス駅からは、RER A 線のナンテール駅（Nanterre）、サルトルーヴィル駅（Sartrouville）、ポワシー駅（Poissy）行きの支線に乗り継ぐことができるようになる。この RER E 線の全長は 52.3km となる。

　1999 年に開通した最初の 2.8km 部分は、サンラザール駅とマジャンタ駅をつなぐトンネル区間である。両駅は、EOLE から他の RER やパリメトロへの乗換駅であり、地下 30m に建設された主要な交通ターミナルである。両駅とも、中央に広々としたコンコースを持ち、上部の建物と土圧の両方を支えるコンクリートの巨大構造物である。コンコースには自然光が差し込み、それを補う釣り下げ型もしくは壁掛け型の照明器具が設置されている。快適さを増すために、例えば、なめらかに仕上げられたコンコースのコンクリート、光沢のある通路のコンクリート、なめらかな部分とブッシュハンマーで叩いたようなテクスチャの部分があるプラットホームの天井のコンクリート、木や金属を用いた階段、銅を用いた設備、音響的な処理の施された木の隙間、通行の多い区域に用いられた白い大理石の床な

ど、様々なテクスチャを持つ、品のある素材が使われた。

　サンラザール駅の駅舎は、パリメトロやRER A線の走るシャルル・ド・ゴール・エトワール駅(Gare Charles de Gaulle - Étoile) をモデルにつくられた。プラットホームは、非常に広々として快適である(図3.3.2-1)。メインホールは大聖堂のような丸天井の下に2本の路線が走っている。異なる階への乗り換えのため、エスカレータや展望エレベータが設置されている。ホールは大聖堂のような駅と呼ばれるように、広いスペースに贅沢なデザインがなされている。

　マジャンタ駅(1999)はRER B線、D線のパリ北駅に設置され、将来はパリ東駅とも接続する。駅舎は天井が高く吹き抜けとなっているため、通気性に優れ、広々としたスペースである。また、贅沢な照明を持つ独特のデザインがなされている(図3.3.2-2)。素材も他の駅とは異なり、木や金属が用いられている。全部で9階建ての構造となっており、RER E線が最下層にある。

　マジャンタ駅での乗換の中心となるのはコーマルタンホール(Caumartin Hall)とルアーブルホール(Le Havre Hall)という2つの巨大なホールであり、コーマルタンホールは、3,000m^2 の広大な空間である。これらは、1960年代に建設され、乗降客もあまり多くないRER A線における「大聖堂のような雰囲気を持つ駅」と同様で、構内の乗客の流れはとてもゆったりとしている。

図 3.3.2-1　広々としたプラットホーム（サンラザール駅）　　図 3.3.2-2　吹き抜け構造の広々とした空間（マジャンタ駅）

■デザインの概要
- この2つの駅は、贅沢で巨大な地下建造物として注目に値するものであり、「未来の駅」とも呼ぶべき大胆なデザインが行われている。
- 地下スペースは、形態、規模、照明、素材、色彩に配慮がなされ、豊かで印象的なデザインである。巨大なカラーランプと壁と柱の照明は、建物の内部であることを忘れさせる。

（2）RER A 線の駅

パリの中心部を通る RER A 線には、1969～1977 年に開業したヴァンセンヌ駅（Vincennes）、ナシオン駅（Nation）、ラデファンス駅、シャルル・ド・ゴール・エトワール駅、オーベール駅（Auber）、ナンテール・ユニヴェルシテ駅（Nanterre-Université）、ナンテール・プレフェクチュール駅（Nanterre-Préfecture）、シャトレ・レアル駅（Châtelet-les Halles）および リヨン駅の 9 つの駅があり、一部の駅は特徴的なデザインがなされている。

特に地下深くに設置された 3 つの駅、シャルル・ド・ゴール・エトワール駅、オーベール駅、ナシオン駅は、建築的にも構造的にも優れたものである。これら大聖堂のような駅は、パリメトロの駅よりも長く、広く、高く、数倍の規模である。そして、パリメトロと比べて地下深くに建設されているため、通常のパリメトロの駅よりも整備費用が高額である。RER E 線の新しい駅と同様、RER A 線の駅は、利用者に閉塞感を感じさせず、地上の駅と比較してより快適であることから、優れた地下駅の代表的な存在である。

■デザインの概要
- RER A 線の駅は路線ごとにサイン、字体を統一したデザインが施されており、駅ごとに色が統一されている。例えば、オーベール駅は路線のシンボルカラーである赤で統一されている。
- RER A 線の駅は通常のパリメトロの駅よりも長く、幅広く、高いもので大きな空間を有している（図 3.3.2-3）。
- これらの駅では広い空間構造と調和のとれた建築デザインが施されている。

図 3.3.2-3　大空間を確保した駅（シャルル・ド・ゴール・エトワール駅）

３．３．３　高速鉄道の空港駅

　　歴史的建造物を有する駅の再生については、慎重な調査に基づいて進められている。一方、リヨン空港のリヨン・サンテグジュペリ駅、リール市のリール・ヨーロッパ駅（Gare Lille-Europe）のような新しい駅は、軽量構造を多用した空港ターミナルのような革新的駅舎としてデザインされている。2001 年に開業したヴァランス駅（Gare de Valence TGV）、アビニョン駅（Gare d'Avignon TGV）、エクス・アン・プロヴァンス駅（Gare Aix en Provence TGV）などの LGV 地中海線（LGV Méditerranée）の３つの新しい駅は、地域の風景や自然をつなぐ鉄道というコンセプトで建設された。駅は鉄道輸送や商業施設の拠点であり、様々な交通の結節点として捉えられるべきであるとしたフランス国鉄の TGV 駅のプログラムに基づきデザインされている。フランス国鉄は、法律や予算をはじめ、住民参加などを含む総合的なアプローチに基づく手法によって鉄道駅の再生プロジェクトを行っている。

　　新築または改装された駅は、昔からの文化的遺産を守りつつ、かつ、将来を見据えた近代化が行われた。TGV 駅のデザインの要点は、素材の選択（コンクリート、金属、木材、ガラス）、空間の広がりをコントロールする自然光と人工光の活用、どのようなタイプの駅にも適したインテリアデザインということが出来る。

（１）リール・ヨーロッパ駅（Gare de Lille-Europe、リール市）

　　リール市にあるリール・ヨーロッパ駅は、新しいビジネス地区であるユーラリールの巨大都市開発の一部である。この都市開発プロジェクトは、地方自治体、民間デベロッパー、フランス国鉄および市民による官民パートナーシップ（Public-Private Partnerships: PPP）事業として実施された。

　　フランス国鉄により開発された新しいデザイン手法は、建築、都市計画、法律や予算を一体のものとして考慮し、鉄道と地域の統合を目指すものであった（メイラード 1995）。マスタープランは、招待された 8 人の国際的に有名な建築家の中からレムクールハース（Rem Koolhaas）のデザインが選ばれた。AREP の建築家であるジャン・マリー・デュティーユがデザインした駅舎は、ユーラリール再開発プロジェクトの一環として実施された。この再開発プロジェクトには、クリスチャン・ド・ポルザンパルク（Christian de Portzamparc）によるリヨン・クレジット・タワー（Tour du Credit Lyonnais）、クロード・ヴァスコニ（Claude Vasconi）による世界貿易センター（World Trade Center）、ジャン・ヌーヴェル（Jean Nouvel）による Triagle Commercial Center、レム・クールハースによるコンベンション、エキシビションセンターである The Little Grand Palais など有名な建築家によりデザインされたビジネス、商業、文化施設が含まれていた。新しい交通拠点の創出と景観保全をはかったリール・ヨーロッパ駅（1994）との連携が強化されたことにより、地域の再活性化に成功している（ベルトリーニ・他 1998）。

　　駅のデザインは、すべての部分において、統一がとれている。巨大な屋根の下には構造と機能の調和が図られた開放的な駅ホールがあり、その下にプラットホームがバランスよ

- 40 -

く配置されている。
　広々としたコンコースとプラットホームには、どこからでも目に付きやすい案内所が配置されている。バスターミナル、地下にあるトラム駅、地下鉄駅と 2 つの駐車場をつなぐ複合的な交通の結節点となっており、同駅は高速鉄道駅のモデルである。

■デザインの概要
- 駅舎は、機能面とともに駅周辺や街のランドマークとしての視覚的関係性に配慮したものとした。
- 利便性に優れているだけではなく、近代的でオリジナルな構造と細部のデザインとのバランスがとれたものとした。
- 近代的で透過性の高い素材と軽量構造を持つガラス壁と丸みを帯びた屋根で出来ているが、歴史的な駅舎の趣を残している。プラットホーム上の、波を打ち、ケーブルで吊された屋根は、イギリスの構造技術者ピーター・ライス(Peter Rice)のデザインによるもので、日の光であふれている(図 3.3.3-1)。
- 駅舎は植物などの有機的構造を思わせる自然を模した形とした。
- 細部はすべて、駅のオリジナルコンセプトとともに、フランス国鉄のガイドラインに沿っている。案内表示は、統一されたデザインとされ(図 3.3.3-2)、広告は案内表示から分離されており、壁面には芸術的な壁画が描かれている。
- 緑、灰色、白などの色は、自然にとけこむようなものが選ばれた。
- 街に向かって広がる三角形のヨーロッパ広場(Place de'l Europe)と連携した。

図 3.3.3-1 光にあふれたプラットホーム
（リール・ヨーロッパ駅）

図 3.3.3-2 統一されたデザインの案内表示
（リール・ヨーロッパ駅）

（２）リヨン・サンテグジュペリ駅（Gare de Lyon Saint-Exupéry; リヨン）

リヨン・サンテグジュペリ駅(1994)は、リヨン市近郊のサンテグジュペリ国際空港に隣接したLGVローヌ・アルプ線（LGV Rhône-Alpes）の駅であり、空港とは連絡橋で結ばれる。また、同駅はフランスの高速鉄道と空港が初めて結びついた駅であり、ローヌ・アルプ地域圏の象徴的な建築物として捉えられている。リヨン・サンテグジュペリ駅の新中央ホールの設計コンペでは、サンティアゴ・カラトラバ（Santiago Calatrava）が選ばれた。デザインはフランス国鉄と連携して実施された。

駅舎は非常に良くデザインされている。建築と構造は、ひとつの効果的な交通施設として一体化している。同駅は、LGVから空港へのアクセスを向上させ、リヨンの主要駅であるリヨンパルデュー駅、リヨンペラーシュ駅ともバスでの接続が可能になった。

新しいフランス国鉄のガイドラインを基にしたリヨン・サンテグジュペリ駅と他の多くの新駅プロジェクトは、「鉄道駅ルネッサンス」に基づいている。都市内の駅は列車や街が一目で見渡せて、旅行者が自由に移動する空間を選択出来るようにする一方、空港駅ではプラットホームから出発ロビー、到着ロビーからプラットホームへといったエリア間の動きが明確になるようにしている。駅において利用者がスムーズに移動するためには、多くの情報を一度に認識できるようにすることが必要である（メイラード 1995）。

■デザインの概要
- プラットホームを覆うコンクリート屋根とその中央に位置する駅ホール上に高く舞い上がるユニークな「ガラスとスチールの鳥」が特徴であり、ランドマークにもなっている(図3.3.3-3)。
- デザインの特徴は、構造、付属品、表示、照明、階段、情報案内板など全ての部分が彫刻のように細部まで整えられたスタイルが統一されていることである。
- 建築物は外観の視覚的形状がそのまま内装のデザインに用いられ、連続性を感じさせている(図3.3.3-4)。
- 駅前には、大規模な広場があり見分けやすく、配置も分かりやすくなっている。

図3.3.3-3 ランドマークとなる駅舎（リヨン・サンテグジュペリ駅）

図3.3.3-4 外観と連続した内装デザイン（リヨン・サンテグジュペリ駅）

（3）ヴァランス駅（Gare de Valence TGV）、アビニョン駅（Gare d'Avignon TGV）、エクス・アン・プロヴァンス駅（Gare Aix en Provence TGV）

　LGV 南東線は、リヨン・サンテグジュペリ駅で南部のヴァランス駅に向かう LGV ローヌ・アルプ線と接続している。また、LGV の南への延伸により、2001 年には LGV 地中海線が開通し、LGV 地中海線はサン・マルセルレヴァランス（Saint-Marcel-lès-Valence）から、西のニーム駅（Nîmes）に接続し、南はマルセイユ（Marseille）まで開通している。

　この LGV 地中海線の 3 つの新しい駅、すなわち、ローヌ渓谷にあるヴァランス駅(2001)、アビニョン駅(2002)、エクス・アン・プロヴァンス駅(2001)は、「地中海スタイル」の TGV 駅を代表している。これらの駅は、新しい LGV 線の一部として、フランス国鉄の同一のサービスやサイン・設備などを有しているが、フランス国鉄のデザインに従うだけではなく、地域の特徴を表してそれぞれの駅デザインが異なっている。同じ LGV でも、LGV 大西洋線（LGV Atlantique）の駅は、ル・マン駅（Le Mans）、ヴァンドーム駅（Vendôme TGV）、トゥール駅（Tours）など、いずれも海をテーマとして船の帆をモチーフとしたデザインだが、LGV 地中海線の駅は、地中海の特性を生かし、個々の駅ごとに建築的表現が施されている。

　AREP のジャン・マリー・デュティーユとエティエンヌ・トリコーがデザインし、デヴィニ（Desvigne）とダルノキ（Dalnoky）がランドスケープデザインを担当したヴァランス駅は、ヴァランス（Valence）、タン・エルミタージュ（Tain l'Hermitage）、ロモー（Romans）の 3 つの都市によって形作られる三角形の中心となる郊外に立地している。この地域には農地が広がり、LGV の線路は、TER や地上の地域鉄道や高速道路と交差するために 8m の深さに設置され、プラットホームの一部はオープンな構造となっており、地域特有の果樹の緑に囲まれている。一方、様々な設備を有する駅ホールはまるで橋のように線路とプラットホームの上をまたいでいる。その主な景観要素はガラスのファサード、垂直部分が赤く塗られた鋼構造の部材、内部に用いられたガラスや木や石などである。ガラスのファサードからは、周辺の田園景観とともに、接続するすべての鉄道や道路を見通すことが出来るものとなっている。

　同じく AREP のジャン・マリー・デュティーユとジャン・フランソワ・ブラゼール（Jean-François Blassel）がデザインし、デヴィニとダルノキがランドスケープデザインを担当したアビニョン駅は、ローヌ川沿いにカーブする LGV の線路に沿って盛土の上に立地している 2 つの駅舎のうち、大きい方は出発口、小さい方は到着口であり、いずれもガラスと鋼構造でできている。南側のファサードはガラスとセメントの合成パネル、北側のファサードはテクスチャのあるガラスで出来ている。待合室は駅舎の中二階にあり、乗客は直接列車にアクセス出来る。主要なデザイン要素としては、鋼とガラスの組み合わせ、ガラスの手すり、その他のインテリア、木の床であり、たくさんの光を浴びてより明るく見える白色が多用されている。駅は光と樹木でフレッシュなイメージを与えている。

　アビニョン駅は、地上から 6.0m の高さにあり、長さ 400m のプラットホームは、駅舎に平行したモクレンの並木によって縁取りされた景観の中にある。LGV の線路とプラットホ

ームは高く盛土されていることから、しばしば強風にさらされる。このため、アーチがかった天井のある駅舎は、駅ホールとしての機能を果たすだけではなく、プラットホームを風から保護する機能がある（図 3.3.3-5）。

　エクス・アン・プロヴァンス駅は、AREP のジャン・マリー・デュティーユによってデザインされている。地上と同じ高さでエノキの並木があり、長さ 400m のプラットホームの上にカーブを描いた大屋根をもつ駅である。駅舎の内側からは、この屋根をフレームとして壮大な風景を眺めることができる。駅舎の東側に向かっては、透明なガラスのファサードがある。一方、西側のファサードは木製のスクリーンが開閉し、適切な太陽光を取り込み、温度調節を行う。周囲の山の形状を模した屋根の構造は、周囲の景観とよく調和している。

　これら 3 つの駅は、地域の環境と駅舎が調和し、ランドマークとしての位置づけをもった広々とした空間がデザインされている。南部地方の TGV の駅には地域的な特徴があり、周辺の環境と非常によく調和している。

■デザインの概要

- 駅は、地中海地域の駅の一般的なコンセプト、すなわち、自然環境の美しさ、植物の美しさ、地域の特徴、そして温暖な気候を表現するように設計された。
- デヴィニとダルノキのデザインオフィスは、周辺環境との調和のために地元の植物を多く用いている。例えば、広大な農業地域であることを示すモクレンとエノキは、駅の周りに植えられた（図 3.3.3-6）。また、地域の土や色彩を示す銅、木材、石などを用いて地域の特徴が表現されている。
- 優れたデザインの TGV 駅は 2 種類に分けられる。すなわち、LGV 北線、大西洋線と地中海線である。地中海線の駅は都市の駅も地方の駅も地形や文化といったその地域独特の背景と調和し、地域のランドマークとして駅が導入されている。橋、壁、屋根などは、温度調節や日陰の提供といった基本的な要求に則した伝統的な地中海建築様式を反映したモデルが選ばれた。

図 3.3.3-5　防風機能も兼ねた駅ホールのアーチ屋根（アヴィニョン駅）

図 3.3.3-6　周辺環境との調和に配慮して駅舎周辺に植えられたモクレン（アヴィニョン駅）

３．３．４　パリメトロの駅の再生と新駅

　パリにおけるフランス国鉄と並ぶもうひとつの公共鉄道会社であるパリ交通営団は、パリメトロ、RER、LRT 及びバスの運行を行っている。パリメトロには、1 号線から 14 号線まである。1 号線は 1900 年に、パリ万博にあわせて開通した。いくつかの駅の入口のデザインはアール・ヌーヴォ建築で有名なエクトール・ギマール（Hector Guimard）が設計した。

（１）パリメトロ再生事業

　パリ交通営団は、駅の再生にあたって、いくつかの方針を導入した。それは、都市計画と調和した駅の計画や再開発、輸送ネットワーク全体の調和、統一的なコンセプトと各駅の個性的なデザインであり、また、「駅ギャラリー」における文化的遺産、文化的イベント、パブリックアートなどによる「文化的な駅」や「ヨーロッパ」、「スポーツ」、「文化遺産」、「音楽」、「創作」など人気のあるテーマを持った駅における「文化的プログラム」の提供などである。パリ交通営団は、このように CSD を導入することで、都市の文化のなかに駅を取り込み、都市計画の専門家や地域住民と協力して都市を作り上げることに成功した（カミナガイ 2001）。パブリックアートや様々なイベントの実施など、テーマ性のある駅の導入は、パリ交通営団の文化的価値を高めることにつながった。文化を重視する考え方はブランドイメージを作るとともに、鉄道と周辺のコミュニティとの強いパートナーシップを作り出している。パリ交通営団は、パリメトロの長い歴史の保全に配慮し、同時に公共交通としての近代化を目指した。パリ市内の公共交通機関の利用者のうち、パリメトロは 48%を占め、最も利用されている公共交通システムである（他の交通機関の利用者は、バス 35.1%、RER15.5%、トラム 1.4%：パリ交通営団資料 2000 による）。

　パリ交通営団の方針で、最も重要なものは、パリメトロの改造の動きとなった「メトロの革新（Renouveau du Métro）」（1998）である。225 駅で実施されたこの方針は、単なる乗降機能の向上だけではなく、利用者のための駅空間の質の向上を目的としたものであった。具体的には、わかりやすい表示、機能的で景観的にも美しいプラットホームの照明の配置、地下通路に求められる適切な照明、景観的に美しい架線の配置、新しい表示システム、壁面と調和した券売機、わかりやすい券売エリアと情報エリアの表示などである（ボイル 2003）。駅空間において、「文化的なプログラム」は鉄道の運行に支障となるものではなく、むしろ空間の利用をスムーズにするものであるとされている。

　例えば、「ギャラリー」として改装されたルーヴル・リヴォリ駅（Louvre-Rivoli）には、ルーブル美術館の芸術作品が展示されており、照明と設備はそのイメージにふさわしいデザインがなされている（図 3.3.4-1）。バスティーユ駅（Bastille）は、プラットホームの一部にバスティーユ牢獄の壁の遺構が使われており、さらにはフランス革命といった歴史的事件を描いた絵が壁面に飾られている（図 3.3.4-2）。

　また、9 つに及ぶ「テーマを持った駅」のデザインは、1998 年に開催されたコンペで決定された。チュイルリー駅（Tuileries）のテーマは「文化遺産」であり、交通の歴史に関する

デザインが行われた。サンジェルマン・デ・プレ駅(St. Germain des Pres)は「文学作品」がテーマであり、トンネル部分の天井に映像が投影され、プラットホームの棚には書籍が並べられている。

パリ交通営団では、車両のなかでの音楽の演奏や詩の掲出、絵画などの芸術作品の展示や駅ギャラリーにおける展示内容を毎月変更させることなどにより、地下鉄駅の印象を大幅に向上させた。

図 3.3.4-1　ルーブル美術館の展示品による「ギャラリー」の演出（ルーヴル・リヴォリ駅）　　図 3.3.4-2　かつての牢獄の壁を利用してフランス革命の歴史を表現した壁面デザイン（バスティーユ駅）

> ■パリメトロ（RATP）の駅のデザインの概要
> - 「メトロの革新」により、パリメトロは、大幅に改善された。駅名、壁の色、様々な表示、広告のサイズ(3.0m×4.0m)、ゴミ箱、電話などのデザインに明確なルールを設け、全路線を通じて統一する方針となった。駅のデザインは、それぞれの駅の特徴を出しながらも、時刻表の配置、壁面への様々な表示の配置、広告パネルの設置個所や空間内での配置をはじめ、多岐にわたる駅の設備について規定されている(図3.3.4-3)。
> - 広告パネルは白いタイル貼りの壁に統一されている。
> - 照明も重要な要素であり、駅の大きさや形状（例えばアーチ型の天井）に応じてデザインされている。プラットホームなど、明るさを必要とする場所には特別にデザインされた照明が設置された（例：シテ駅(Cite)：図3.3.4-4）。
> - 地下鉄による移動は、通常の鉄道とは異なり、乗客が時間や場所といった感覚を失いやすいため、いくつかの駅では、その駅のロケーションを直接的に感じることができるようなデザインとなっている。
> - いくつかの駅は、「ステーションギャラリー」もしくは「テーマを持った駅」という2つの基本概念のいずれかに基づいて設計されている。

図3.3.4-3 サイズが規定された駅広告（セギュール駅）　図3.3.4-4 天井の形状に合わせてデザインされた照明（シテ駅）

なお、現在は新たなプログラム「Métro2030」が実施されている。本計画では、より快適でより機能的な利用ができるよう、既存の駅の近代化を目指している。具体的にはバリアフリー化であり、コンコースやプラットホームの改良などである。2017年までにはすべての駅でLED照明を設置し、バリアフリー化が行われる予定である。また、歴史的なガラス製のキャノピー、アート作品および高架橋などの改良を行うこととしている。

（2）パリメトロの新しい駅

パリ交通営団は、1998年に開通し、2003年および2007年に延伸されたパリメトロ14号線（Métro Est-Ouest Rapide: Météor）のすべての駅を近代的にデザインした。最初に開業した7つの駅をデザインしたのは4人の建築家であった。アントワーヌ・グルムバッハとピエール・シャール（Antoine Grumbach & Pierre Schall）がビブリオテーク・フランソワ・ミッテラン駅（Bibliothèque François Mitterrand）を担当し、ジャン・ピエール・ヴァイシーとベルナール・コーン（Jean-Pierre Vaysse & Bernard Kohn）はその他の6つの駅を手がけた。パリ交通営団は、美しく、快適な空間を作り出すために、総合的な環境デザインを行っている。

14号線の最初の区間はマドレーヌ駅（Madeleine）とビブリオテーク・フランソワ・ミッテラン駅の間が1998年に建設された。途中の駅はピラミッド駅（Pyramides）、シャトレ駅（Châtelet）、リヨン駅、ベルシー駅（Bercy）、クール・サンテミリオン駅（Cour St-Émilion）である。その後、2003年にはマドレーヌ駅からサンラザール駅（Saint-Lazare）まで、2007年にはビブリオテーク・フランソワ・ミッテラン駅からオランピアード駅（Olympiades）までそれぞれ延伸された。「グランパリプロジェクト」では、パリメトロは新たに150km延伸され、57の駅が設置される計画であり、その一環として14号線も2017年までに北のメリー・ド・サントゥーアン（Mairie de Saint-Ouen）まで延伸されることとなっている。

14号線は多くの駅で自然光を取り入れている。代表的な例としてサンラザール駅とリヨン駅があげられる。

リヨン駅（Lyon）では、ホームドア後ろのガラス壁を通じて自然光を採り入れ、外の緑地を目にすることができる（図 3.3.4-5）。また、リヨン駅の照明は、プラットホームと同じものがエスカレータ上とコンコースに配されている。数種類の大小様々な照明により構成され、それぞれにふさわしい場所に配置されている。

　サンラザール駅（Saint-Lazare）は、フランス国鉄のサンラザール駅の古い建物の正面に、独特のガラス張りの入口があり、自然光が降り注いでいる。そこから続く広いコンコースはプラットホームをまたいでおり、プラットホーム全体を見通すことが出来る。

　1998 年に開業したビブリオテーク・フランソワ・ミッテラン駅は、独自のユニークなデザインである。ホールにはまるで記念碑のような高さ 15m の柱と、直径 70m の円形劇場のような階段が設置され、その大きさは印象的である。明るい色調のタイル張りの床で空間を明るくし、コンコースからはプラットホームが見渡せる（図 3.3.4-6）。この路線の他の駅と同様、壁や天井に面白い影を落とすようなオリジナルの照明が導入されている。

図 3.3.4-5　自然光を取り入れたプラットホーム（リヨン駅）

図 3.3.4-6　コンコースからプラットホームが見渡せる開放的な空間（ビブリオテーク・フランソワ・ミッテラン駅）

　パリ交通営団は、パリメトロ 14 号線への乗換駅となるフランス国鉄の RER の駅において、フランス国鉄と共同事業を行っている。自動案内や有人案内所の設置を含むパリ交通営団による Style Metro とフランス国鉄による Reflexe RER と呼ばれる事業が共同で取り組まれている。有人案内所である Points Services de Proximit（PSP）は、バスティーユ駅、プラス・ド・クリッシー駅（Place de Clichy）、オテル・ド・ヴィル駅（Hôtel de Ville）に設置された。

　パリメトロ 14 号線の新しい地下鉄駅は、デザインの点で非常に成功した。

■デザインの概要
- デザインは、パリ交通営団のデザインコードで統一されているが、駅の設備はパリメトロ 14 号線独自の独創的なデザインが行われている。また、それぞれの駅で統一された質の高いデザインが施されている。

- デザインコンセプトは、広さと開放性である。駅やコンコース、乗り換え通路の大きさは、建築学的に既存のパリメトロの駅よりも RER の駅に近いものとなっている。
- 空間の利用は現代的な様式で行われた。自然光やオリジナル照明の導入と現代的な素材があふれる広大な空間は、乗降客の流れを緩和させる。デザイナーによると、駅は、「気品のある公共空間、快適で広い空間、ストリートデザインのような形や素材の選択」を反映している。
- 巨大な中央ホール、自然光の採光設備、巨大なカラー照明などによる広々とした地下空間と配置の美しさは、駅の入口からプラットホームまでの視界的な広がりを見せている。
- 照明のデザインは、大小さまざまな照明装置に及び、照明の色やその他の設備の色はインテリアデザインの一部となっている。
- パリメトロ 14 号線の各駅は、エレガントで素敵な設備、大小のオリジナルな照明、丸みをおびた自動ホームドア、場合によっては自然光や緑地、十分に配慮された壁面などを採用している。

パリでは新たな環状線が計画されている。また、この環状線からの 3 つの枝線は、サン・ドニ（Saint-Denis）、クリシー・モンフェルメイユ（Clichy-Montfermeil）、ルブルジュ（Le Bourget）の 3 つの地域の開発を目指している。「グランドパリエクスプレス　プロジェクト」（Grand Paris Express Project）と呼ばれるこのプロジェクトでは、72 の新駅が計画されている。各枝線の主要な駅において、象徴的なプロジェクトとして、国際的なデザインコンペが行われた。クリシー・モンフェルメイユ駅の設計は、スペインの建築家エンリック・ミラージェス（Enric Miralless）とベネデッタ・タリアブーエ（Benedetta Tagliabue）が、フランスの建築エンジニア会社ボーダス・ピイロウアーキテクト（Bordas&Peiro Architecte）と共同で行った。ルブルジュ駅は、パリの建築家エリザベス・ド・ポルザンパルク（Elizabeth de Portzamparc）が設計した。そして、ガルサンドニ・プレイエル駅（Gare Saint-Denis Pleyel）は日本の建築家である隈研吾の設計による。この地下鉄は空港や TGV 駅を結ぶネットワークとして、2030 年に完成することが期待されている。

３．３．５　フランスのライトレール（LRT）

1960 年代の終わりまでに、ヨーロッパのプランナーたちは、公共交通の限界を認識し始めていた。大渋滞の発生、モータリゼーションによる都市景観の破壊、高密度な中心部から低密度の住宅地への人口移動にともなう中心市街地の衰退に対応した都市の再生には、効果的な公共交通機関、なかでもトラムが必要との結論を導いた。

新たな LRT は 1978 年にカナダのエドモントンで最初に導入された。その後、1980 年代にヨーロッパに起こった LRT の革命は、新たな車両の導入と道路と軌道の分離を図ること

によって進められた。そのコンセプトは、15年間にわたって実施されたスウェーデンのエーテボリの計画に見ることができる。エーテボリでは、すべてが高性能車両となり、専用の高速軌道で新興住宅地を結んだ。さらに、ヨーロッパでは、1990年代に新たな技術開発により、軌道からわずか350mm上の低床路面電車が導入された。

LRTは、この新しい鉄道輸送の概念を表すものであり、従来の路面電車のシステムと比較して、高速で大量輸送を可能としている。LRTは、一般的にモダンなデザインの外観をもった車両が特徴である。車両はレールの上300～360mmに床があるという部分的あるいは完全な低床設計が行われている。このため、歩道よりさほど高くないプラットホームから、車椅子の人を含めて旅客が容易に乗降出来る。多くのLRTシステムに共通する特徴は、それが都市の環境に調和していることである(カミナガイ　2001)。

LRTは、多くの区間が専用軌道であり、道路交通から分離されている。また、都心の商業地区では、モールを走行し、歩行者と融合している。

かつて、トラムは都市の短距離の輸送、鉄道は地域の長距離の輸送を担う、まったく異なる公共交通システムであった。しかし、新しい世代のLRTは、トラムと鉄道の両方の役割を果たすようになってきた。トラムと鉄道については、互換性の点で様々な問題があったが、ドイツのカールスルーエでは、すでに90年代初頭にこうした技術的あるいは管理上の問題を克服し、鉄道を利用した長距離のLRTを実現した。

フランスにおける「トラムの再生」は1985年にナントで始まり、1980年代に始まった「鉄道駅ルネッサンス」の一部となった。1985年、ナントに新型低床式トラムが導入されアクセスや利便性が良くなるとともに、デザイン性が向上した。その後、パリ、ルーアン、ストラスブール、リヨン、カーンなどのフランスの多くの都市ではパーク＆ライドやフィーダーバスとの接続などにより、新しい高品質な統合的輸送システムとして、トラムの再生が進められた。フランスでは、国からの資金提供が行われたこともあって、大都市でも、中小規模の都市でも、人気のある交通手段となっている。

最近では、2006年にミュルーズ、ヴァランシエンヌ、クレルモンフェラン、2007年にニース、ルマン、2009年にアンジェ、2010年にランス、2011年にトゥーロンで新たにLRTが開通したほか、サンテティアンヌ、リヨン、モンペリエ、ボルドーなど多くの都市で、路線の延伸が行われている。LRTの軌道を整備することで、都市の改善の契機となっている。

■LRTの計画とデザインの基本項目
- 道路空間における自動車の車線、軌道、歩道の再配置
- 沿線の樹木や緑地の配置
- 都市広場の配置
- ターミナルや屋根のある停留所、様々な施設(張り出し屋根、プラットホーム、ベンチ、案内標識、券売機、照明等)のデザイン
- パブリックアートの実施

LRT は、軌道を直線や S 字状にすることで、ストリートデザインの役割を果たすことができる。その軌道は、通りの中央または端に配され、緑地により道路と分離されている。また、LRT の停留所は、新しい都市のランドマークとなり得る。こうして、LRT は通りの景観を完全に変え、より良いものにすることができる。

なお、パリの LRT はパリ交通営団（一路線はフランス国鉄）により運行されているが、ストラスブールではストラスブール輸送会社（Compagnie des Transports Strasbourgeois：CTS）、トゥールーズ、グルノーブルでは、トランスデブ社（Transdev）、リヨン、リール、カーンでは、Via-GTI により運行されている（ドビアス 1998）。LRT はいずれの都市でも市当局と地域コミュニティとの共同で、開発、設計されている。

LRT は、最近 20 年間でヨーロッパ諸国において急速に発達してきた。ドイツ、スイス、ベルギー、イギリスなど他のヨーロッパ諸国においても、LRT は一般的な輸送手段になっており、ヨーロッパでは 170 の都市で LRT が導入され、なお、100 以上の都市で建設もしくは計画が行われている（ブレッビア 2014）。

■フランスの LRT のデザインの概要

・ 路線ごとのデザインの考え方は統一されている一方で、停留所のデザインには場所ごとの特徴を有している。例えば、「緑の停留所」（green stop）としてデザインされた停留所や「ガラスの停留所」（glass stop）としてデザインされた停留所などがある。「緑の停留所」では、軌道の間に草や樹木が植えられている。また、「ガラスの停留所」では、壁面や屋根が様々な種類のガラスで出来ている。

・ LRT のターミナル停留所は、他の鉄道駅と同様、都市の景観において重要な要素となった。

・ トラムの優れたデザインの車両は、道路の魅力を向上させている。

・ LRT のデザインの目的は、単に都市交通の利便性を改良するだけではなく、都市自体の改良や都市の美しさの向上を目指すことである。

（1）ストラスブールの LRT

ストラスブールの LRT 網はストラスブール輸送会社（Compagnie des Transports Strasbourgeois：CTS）によって運営されている。ストラスブールの LRT 路線網は A・B・C・D・E・F の 6 系統で構成され、A 系統が 1994 年、D 系統が 1998 年、B および C 系統が 2000 年、E 系統が 2007 年、F 系統が 2010 年にそれぞれ開通した。総延長は 55.8km におよび、2010 年時点で 70 の駅を有しており、まさに街のシンボルとなっている。

ストラスブール駅（Gare de Strasbourg-Ville）では、2007 年の LGV 東線の開通に合わせて、古いフランス国鉄の駅舎のファサードの前面に新しい鋼とガラスの駅舎が拡張され、その地下に LRT の中央停留所（Gare Centrale）が設置されるなど、アクセスが大幅に改善

された。

　100％低床で双方向に移動可能な CTS の車両は、ユーロトラム社(Eurotram)とシタディス社(Citadis)が提案する2つのタイプがある。このうち、シタディス社の車両は、台車の位置を改める等の改良を施したストラスブールだけの特別仕様となっている。

　ターミナルは、それぞれ特徴的なデザインを持っている。丸いガラスの屋根を持つオム・ド・フェール停留所(Homme de Fer)は、街のランドマークの一つになっている(図3.3.5-1)。ザハ・ハディド(Zaha Hadid)がデザインしたオーエンハイム停留所(Hoenheim)は、停留所、バス乗り場、自動車と自転車のための駐車スペース、商店等からなっており、都市における近代的な乗り換え拠点となった。景観的美しさと安全性に配慮した結果、表情豊かな柱により支えられている柔軟で巨大な屋根を特徴とするデザインが導入された。トラムの軌道に合うよう再設計された通りは、より魅力的になっている。ストラスブールの LRT は、車両、線路、停留所のいずれも非常に特徴的なデザインが施されている。そのデザインレベルはいずれも高く、都市をより魅力的にしている。

■**デザインの概要**
- 景観的に美しいスタイルであるとともに、社会や都市の機能とのつながりを築くことを基本とし、公共的な施設としてだけではなく、公共のアートスペースとしても活用されることを目指している。
- ストラスブールでは、車両のデザインが特に魅力的である。
- 掲示板やチケット売り場などの停留所設備全体としてのデザインがなされている(図3.3.5-2)。
- ターミナル駅にふさわしい、ランドマークとしてのデザインが行われている。

図3.3.5-1　街のランドマークとなったLRTの停留所（オム・ド・フェール停留所）　　図3.3.5-2　掲示板など設備全体がデザインされたLRTの停留所（オム・ド・フェール停留所）

（2）リヨンのLRT

リヨンの市内にはT1、T2、T3、T4の4線のLRTがある。最初のT1およびT2は2001年のはじめに開通した。この2路線の大半は道路とは分離された専用軌道を有している。2006年に開通したT3は、以前の鉄道敷を利用している。T4は2009年に開通した。LRTに用いられている車両は、正面の外観がリヨン独特のデザインのシタディス社製である。その後もLRTは延伸され、市の中心部とサンテグジュペリ国際空港とを結ぶローヌエクスプレスなどが開通している。このローヌエクスプレスはT3線を一部利用し、新たに8.5km延伸したものである。

リヨンの路面電車は、快適で優れたデザインが行われている。停留所には屋根付きのベンチが備えられている。停留所はガラスと木で出来ていて、現代的で、人々が親しみやすく、透明で、明るい。

■デザインの概要
- 軌道は、芝生と木で囲まれた「緑の軌道」（green corridor）としてデザインされている（図3.3.5-3）。
- 停留所は、LRTと周辺環境の調和をはかるため自然の素材が用いられ、美しさと機能性の観点から設計されている（図3.3.5-4）。

図3.3.5-3　芝生と木に囲まれた緑の軌道（リヨン市内）

図3.3.5-4　自然の素材を用いて周辺環境に調和した停留所（パールデュー・ヴィヴィエメル停留所（Part-Dieu - Vivier Merle））

（3）パリのLRT

パリ地域の交通の計画と運営を担うパリ交通営団では、パリメトロに加えてLRTの開発に積極的に取り組み、現在T1からT8までの8路線でLRTを運行している。

パリのLRTは主にシタディス社の車両を用いている。

T1は、1992年にボビニー駅（Bobigny）とサン・ドニ駅（Gare de Saint-Denis）の間が開通した。2003年にはボビニー駅からノワジー・ル・セック駅まで延伸、2012年にはサン・ドニ駅から西のアニエール・ジュヌヴィリエ・レ・クルティーユ駅（Asnières-Gennebilliers Les

Courtilles）まで延伸し、地下鉄 13 号線と接続した。2017 年にはノワジー・ル・セック駅からヴァル・ド・フォントネ駅(Val de Fontenay)に延伸し、RER A 線との接続が予定されている。さらに 2023 年までにはアニエール・ジュヌヴィリエ・レ・クルティーユ駅からガブリエル・ペリ駅（Gabriel Péri）までの延伸も計画されている。

　T2 は、ラ・デファンス駅とイッシー・ヴァル・ド・セーヌ駅(Issy Val-de-Seine)の間で 1997 年に開通した。そのほとんどはフランス国鉄の鉄道敷を利用したものであった。その後 2009 年にイッシー・ヴァル・ド・セーヌ駅からポルト・ド・ヴェルサイユ駅（Porte de Versailles）、2012 年にラ・デファンス駅からブゾン橋駅(Pont de Bezons)への延伸が行われた。

　T3 は 2 つの区間に分けられる。ガリリアーノ橋駅（Pont du Garigliano）からポルト・ド・ヴァンセンヌ駅（Porte de Vincennes）までの T3a は、2006 年にガリリアーノ橋駅からポルト・ディブリー駅（Porte d'Ivry）までが開通し、その後 2012 年にポルト・ディブリー駅からポルト・ド・ヴァンセンヌ駅まで延伸された。一方の T3b は、ポルト・ド・ヴァンセンヌ駅からポルト・ド・ラ・シャペル駅（Porte de la Chapelle）までを結んで 2012 年に開通した。さらに、2017 年までにポルト・ド・ラ・シャペル駅からポルト・ダスニエール駅（Porte d'Asnières）までの延伸が予定されている。T3 は、そのルートが軍の元帥達にちなんで名付けられた大通りに沿っていることから「元帥の LRT」と呼ばれている。

　2006 年に開通した T4 は、他の LRT とは異なりフランス国鉄が運行しており、RER の駅であるボンディ駅(Bondy)とオルネー・スー・ボア駅(Aulnay-sous-Bois)を結んでいる。

　2013 年に開通した T5 は、バスから開発されたトランスロール(Translohr)を用いたゴムタイヤトラム（ガイド付きバス）であり、マルシェ・ド・サン・ドニ駅（Marché de Saint-Denis）とガルジュ・サルセル駅（Garges-Sarcelles）を結んでいる。マルシェ・ド・サン・ドニ駅で T1 と、ガルジュ・サルセル駅で RER の D 線とそれぞれ連絡している。

　同じくゴムタイヤトラムである T6 は、2014 年にシャティヨン・モンルージュ駅（Châtillon-Montrouge）からヴェルジ・ヴィラクーレイ駅（Vélizy-Villacoublay）までが開通し、2016 年にはヴェルジ・ヴィラクーレイ駅からパリメトロ 13 線の終着駅であるヴィロフレー・リブドロワット駅（Viroflay-Rive Droite）まで延伸する予定である。

　T7 はパリメトロ 7 号線の終着駅であるヴィルジュイフ・ルイ・アラゴン駅（Gare de Villejuif-Louis Aragon）とアティス・モン−ポルト・ド・レッソンヌ駅（Athis-Mons - Porte de l'Essonne）が 2013 年に開通した。2018 年にはアティス・モン−ポルト・ド・レッソンヌ駅からジュビジー・シュロルジュ駅（Gare de Juvisy-sur-Orge）まで延伸する予定である。

　Y 字型の路線を持ち、「トラム Y」とも呼ばれている T8 は、2014 年にサン・ドニ・ポルト・ド・パリ駅（Gare de Saint-Denis-Porte de Paris）とエピネ・オルジュモン駅（Gare de Épinay-Orgemont）の間が開通した。この線は、ヴィルタヌーズ大学駅（Gare de Villetaneuse-Université）までを結ぶ枝線を有している。

　このほかにも将来的に計画されている路線や延伸の予定がある。RATP はこれらの LRT

の計画策定に際して、利便性と都市景観の美しさを両立するために多くの配慮を行っている。パリは利便性と景観に配慮した LRT ネットワークの好例である。

■デザインの概要
- パリ交通営団は、プロジェクトを通じて、LRT 路線の設備など、いくつかの要素を統一した。例えば、ロゴマーク「T」の文字が掲げられた標柱、券売機、乗客案内情報表示、その他の表示などである。
- 一方、ベンチ、張り出し屋根、フェンス、停留所の舗装などのいくつかは、特定の場所に応じてデザインされている。
- 都心の停留所は、より洗練され、繊細なデザインであるが、郊外の停留所は景観に調和するようなインパクトのあるデザインが使われている。
- T1 の特徴は、特にこの路線のためにデザインされた鋳物を用いたエレガントな設備(照明やベンチなど)である。
- T3 は富裕層の住む地域をつなぐ環状線であり、コンペで選ばれたそのデザインは周囲の街の雰囲気を反映したものとなっている。線路沿いには樹木が植えられ、全路線の 3/4 以上は芝生の上を走っている。軌道の上の架線には特別にデザインされた照明が設置されている。なお、T3 の軌道は、かつてフランス国鉄の軌道であったものを利用している。

３．４　結論

　1980 年代以降、ヨーロッパにおいては鉄道の民営化が進められると共に、CSD の考え方に基づく質の高い駅のデザインが取り入れられ、「鉄道駅ルネッサンス」が大きな成果をあげた。駅の再生は、都市開発の一部となり、地域コミュニティとの協働や景観と美しさへの配慮を通じて実現され、都市の快適性と鉄道の効率性を大幅に改善した。

　フランスやドイツをはじめとするヨーロッパ諸国では民営化により鉄道の建設と運営が分離されたのにも関わらず、駅再生プロジェクトにおいては「協働」して行われている。

　ヨーロッパでは、景観に関する法制度の権限は地方自治体が有する。例えば、ドイツでは、1979 年に自然保護法、1994 年には風景基本構想(Landschaftsprogramm)を定め、各都市で独自の規制を導入している。特にベルリンは、2003 年の「ベルリン地域計画 21」(Berlin Local Agenda 21)において、景観向上のための目標と解決策を提示した。駅の問題は公衆の議論のテーマとなっている。ベルリン都市開発輸送計画(STEP Transport, 2003)は、魅力的な情報センターの設置、ワークショップの開催、その他様々な場での議論を通じて、近隣レベル、地区レベル、都市レベルでの合意形成を図っている。鉄道駅のデザインは、コンペを通じて選定され、ベルリンの Scene City (2003)、リールの Centre Euralille (1998) など都市計画のためのコンペにも、新しい駅のデザインが含まれていた。これにより、有名な建築家が、マスタープランづくりや駅の再生プロジェクトに参加している。

　それぞれの鉄道会社は、駅の再生に際して、その戦略の中に、景観の美しさ、駅の視覚的魅力、地域社会とのつながりを盛り込んでいる。ヨーロッパの駅の美しさは、空間的な形状、革新的な構造、明るさ、全体的な調和などを基本としている。ヨーロッパの鉄道会社により推進されてきた鉄道、地下鉄、LRT などの駅の基本的特徴は、以下の通りである。

■ヨーロッパの鉄道の駅における基本的な特徴

- 文化的・歴史的価値が高く、デザインとしても優れたオリジナルな駅舎については、積極的に保全もしくは復元をはかるとともに、近代的なデザインや新たな機能を取り入れ、伝統と近代との融合をはかっている。
- 近代的なデザインに地域の歴史や風土を反映し駅の個性を演出している。
- 交通ネットワークとしてのデザインの統一、その中での路線の特徴を表した路線全体のデザインの統一、さらには駅ごとの細部のデザインの統一など、デザインコードを定め、それぞれの路線や駅の独創性を出す工夫が行われている。
- ガラスなど透過性の高い素材や構造を多用して、駅舎内に出来るだけ自然光を取り入れるとともに、照明や色彩などの工夫と合わせて、明るく開放的な空間を創出している。地下の駅においても、大きなエントランスや吹き抜けによって、自然光が差し込むような工夫もされている。
- 駅ホールやプラットホームなどを軽量で巨大なアーチ型などのひとつの屋根構造の下に立地させることで、広々とした空間を提供している。

- 駅舎はそれ自体が街のランドマークとしてデザインされ、アクセスやサインも明確で、利用者にとって判りやすいものとなっている。
- 駅には乗降機能とともに、観光客や利用者にとって便利な様々な商業機能、サービス機能が付加されているが、それぞれの機能空間は明確に分離され、利用者の錯綜を防いでいる。
- ガラスを多用した駅舎やエレベータなどの施設は、駅の中からも周辺地域への広い視界を与え、プラットホームやコンコースには広い空間を確保するとともに、高い天井などで開放的な雰囲気となっている。これにより、判りやすく円滑な動線が確保されている。
- 駅舎内や駅前広場における判りやすい動線、機能分担により、様々な交通機関との結節が容易で総合的な交通センターとして機能している駅が多い。
- 駅舎内の空間づくりから細部のインテリアにいたるまでのデザイン性が高く、駅自体がパブリックアートの空間となっている例も見られる。
- LRT は、様々な鉄道のなかでも特に、街で生活する人々にもっとも身近で、街と一体の存在であると言える。このため、軌道や駅舎が街並みと一体となるようなデザインが工夫されるとともに、車両のデザインも特に重要となっている。
- このような駅の再生プロジェクトに際してはコンペを開催してデザインが決定されることが多く、時に有名な建築家が駅を含む都市開発プロジェクトに参加を要請されることもある。

　以上の他、ヨーロッパの駅では、駅や車両における広告管理が厳格に行われていることも大きな特徴としてあげることが出来る。例えば、フランスでは、法律により広告の許認可に関するゾーニングが定められている。パリ交通営団は駅名のプレートと調和した広告パネルを用意している。広告は地域の特徴にふさわしいものや駅のデザインの魅力を向上させるものに限り、広告を掲示するためのスペースを限定している。特に車両内は広告が禁止されている。ドイツでも広告については厳しい管理がされており、新しい駅での広告は、建築構造の一部としてデザインされる。

　このようなヨーロッパの駅にもいくつかの問題がある。それは利用者による落書きや器物の破損等である。また、すべてのトイレは有料であり、場所が判りにくいなども問題となっている。

　また、ヨーロッパでは一般に駅のサービスは日本よりも劣っている。プラットホームに駅員の数が少なく、利用者が何か情報や助けを求めたくても、誰もいない時がしばしばある。さらに、列車が発車するプラットホームの案内が遅く、例えばフランスでは出発 20 分前にならないとアナウンスされないため、判りづらいものとなっている。

４．日本の鉄道駅の景観

ヨーロッパの駅は歴史的に景観に配慮し駅舎やコンコース等の設計を行い、近年の駅舎の改造や再開発においてもその思想を受け継いでいるものが多い。一方、日本は交通分野での鉄道の役割が大きく、新宿駅や東京駅などの大規模ターミナルをはじめとし、増加を続ける鉄道需要に対応するための施設整備を重点課題としてきたので、ヨーロッパと比較し一部の駅を除き景観としての美しさには十分な配慮がなされてこなかった。しかし 1990 年代頃から、駅のより良いサービスと魅力的な景観により利用客を獲得することを目標に、鉄道会社は駅の改造を始めた。本節では、わが国の駅整備の代表的な事例として、JR 東日本、東京メトロ、横浜高速鉄道の駅を、景観面、空間デザイン、配置機能等の面から紹介する。

４．１　JR 東日本によるデザイン

JR 東日本は鉄道利用者の利便性向上と生活サービスの強化を目的に1997年度からサンフラワープランと名付けた駅改善計画を進めた。これは乗降人員３万人以上の駅を対象に、駅長室をはじめとする駅業務施設のレイアウト変更などにより、開発スペースを生み出すとともに老朽化した施設のリニューアルを進めるものであった。

2000 年 11 月に「ニューフロンティア 21」と名づけた 2001-2005 年の中期経営計画が定められた。この計画において JR 東日本グループが目指すべき将来像を、「信頼される生活サービス創造グループ」とし、具体的なビジョンとして次の５つの方向を挙げている。

■ＪＲ東日本グループビジョンにおける具体的な方向性
- 　顧客価値の創造・顧客満足の追求
- 　技術創造による業務革新
- 　社会との調和・環境との共生
- 　働きがいの創出・活力の創造
- 　株主価値の向上

これらのビジョンを達成するための事業戦略の一つに、サンフラワープランを更に拡大した新たな時間と空間をデザインする「ステーションルネッサンス」の展開を挙げた（鈴木 2004）。このプランは一日に約 1,600 万人もの乗客が利用する駅は JR 東日本グループの最も貴重な経営資源であるとし、この資源の潜在能力を最大限に引き出すために、顧客の視点、グループ全体の価値向上の視点に立って、既存設備を徹底的に見直して各駅の最適な施設配置をゼロから再構築することにより新たな事業スペースを創出し、そこに IT を活用した新ビジネス、物販・飲食・旅行商品等を融合した総合的サービスを提供する、地域のコミュニティセンターとしても機能させるとする事業横断的な施策である。

■ステーションルネッサンスの実施対象
- ・　バリアフリー設備（エレベータ、エスカレータ）の整備
- ・　駅業務施設の集約、レイアウトの見直し
- ・　案内サインの整備
- ・　コンコースの天井や床のリニューアル
- ・　多機能トイレの整備
- ・　自治体との協力による自由通路整備・橋上化
- ・　魅力ある店舗の展開

　ステーションルネッサンスを具体化する施策の柱のひとつは、前述の「サンフラワープラン」であるが、より大きな役割を果たしたものが、駅空間を抜本的に見直す観点から新たに提案された"コスモスプラン"である。2000年12月にスタートしたこの計画は、乗降人員20万人以上の駅及び県庁所在地等の主要ターミナルを対象として、既存の駅業務施設の全面的な見直しに加え、人工地盤の建設等により新たに大規模な駅空間を創出するものである。

■コスモスプランのデザイン方針
- ・　「徹底した顧客志向」に立ち、利用者に"駅が変わった"と感動を与える快適移動空間を目指す。
- ・　列車から乗り降りするだけの「通過」する駅から、エスカレータやエレベータ等の整備によりバリアフリーを実現し、安全でわかりやすく快適な動線、サインを確保する。
- ・　これらにより顧客のライフスタイルやニーズに対応した「集う」駅への転換を図る。

　コスモスプランに基づき、上野駅(2002)、品川駅(2004)、大宮駅(2005)、立川駅(2007)、東京駅(2013)等多くの駅が再整備され、駅利用者をターゲットとし、周辺住民のライフスタイルに合わせ土産物、食料品販売の店舗や飲食店、ブランドショップ等多くのアメニティを配置した大規模なショッピングコンプレックスが誕生している。また新しい計画－ニューフロンティア2008－によると、JR東日本は東京駅の日本橋口のような交通利便が良い場所にオフィスビルの開発を進める予定である。現在、新宿駅と渋谷駅は、大規模な再開発中である。
　また、JR東日本のCSRレポート2013によれば、少子高齢社会のような社会環境の変化に対応するために、地元の組織と協力しJR東日本が有する資源を「まちづくり（都市計画）」

に集中させる方針である。実際に、東京駅における駅ナカの開発やホテル、オフィス、商業施設を組み合わせた取り組みは、JR 東日本では街づくりの中心施設になると考えている。また、万世橋でも古い交通博物館を活用したオフィスビルを整備しており、このプロジェクトは地域社会の資源を用い、秋葉原、神田須田町、淡路町地域が出会う場所を提供し、また古い万世橋駅であることを思い出させることにより地域社会の再活性化をデザインすることを意図している。駅周辺の都市計画（駅の前庭、道路の建設を含む）は、地域社会や地元自治体から協力を求められるため、JR 東日本では沿線地域の価値を地域社会と協力し、かつ地域資源を活用して向上させ続けるべきと考えていることが示されている。

４．１．１　大規模ターミナル駅の再生（コスモスプラン）

　以下に、コスモスプランに基づき大規模なリニューアルがなされた上野駅と品川駅を紹介する。

（１）上野駅

　東京の上野駅は 1883 年に日本鉄道の上野～熊谷間の開業にあわせて建設された。最初の駅舎は 1923 年の関東大震災によって破壊され、現在の駅舎は 1932 年に建てられものに改修を加えてきたものである。1985 年に東北、上越新幹線の上野開業に併せて、大規模な改修が施されている。上野駅は鉄道輸送の歴史だけでなく、保存された価値あるモダニズム建築の代表でもある。この上野駅がコスモスプランの第 1 号としてとりあげられた(2002)。リニューアルの目的は、陳腐化した施設配置の見直し、老朽施設の更新、耐震化、バリアフリー化など鉄道での移動をより便利で安全なものとすることと、駅に商業施設等を導入し駅を利用者にとって魅力なものとすることであった。

■デザインコンセプト
- ・　駅を新しいトレンドと利用客のニーズを反映する公共の場所にする。
- ・　駅のイメージは周囲の上野動物園や上野公園と関連付け、さらに地域社会の伝統と個性を反映する。
- ・　利用者の利便向上のため徹底したユニバーサルデザインとする。
- ・　上野駅の伝統と歴史を表現する。

■デザインコンセプトに基づく具体的な施設配置
- ・　駅スペースを拡張し、“ショッピング街”や“レストラン街”を駅ビル内に配置。総床面積 5,900 ㎡で 54 の店舗からなる洗練された商業スペース「アトレ上野」、コーヒーショップ（「ハードロックカフェ」）の他に、人気のショップである「自由が丘ガーデン」や「アンデルセン」が“大広場”に店舗を構えている。ショ

- ッピング街の通路は駅と周辺の町を結ぶ手段としても使われている。
- バリアフリーを実現するため、5台のエレベータと14のエスカレータが駅に設置されている。トイレは、多機能でユニバーサルなデザインである。標識は改善され大きく見やすいものになっている。
- コンコースの大屋根は鉄骨の骨組みを残して膜屋根に改良され(図4.1.1-1)、洋画家猪熊弦一郎の壁画や日本画家平山郁夫のステンドグラスや乙女の像が配置された大空間に、幕屋根を通った自然光が入り、明るく魅力的な空間となっている(図4.1.1-2)。
- 開業当初の駅を再現するために、建物の3階の一部が移動された。駅の色彩は東京藝術大学の専門家のアドバイスによる。
- 漆喰の天井の回廊がギャラリーとして使われている。1階にはコンサートや展示会に適したスペースが造られ、2階には"上野Break アートギャラリー"が設置されている。ここで開催される展覧会には上野にある東京藝術大学が協力している。平山郁夫によるステンドグラス作品－「昭和六十年春ふる里 日本の華」が券売機の上に設置されている。
- 既存改札口の広小路口、不忍口、浅草口等に加え新たに山下口と西郷口を設けた。駅正面のデッキにつながる新しいテラスが2階に建設され、そこに新たな出入口が増設され、駅とその周辺のつながりを増している。
- 1階の待合室である"Break"には大きなスクリーン掲示板が設置され、JR東日本、上野駅とその周辺に関する情報を提供している。また無料でコンピュータと情報コーナー「ステーションコンシェルジュ」が利用できるインターネットカフェがある。

図4.1.1-1　上野駅の膜屋根

図4.1.1-2　上野駅のステンドグラス

（2）品川駅

2004年に行われた駅のリニューアルで、駅スペースの拡張、新幹線駅の新設、東西自由通路の新設、魅力的な商業スペースである「アトレ品川」の開発が行われた。

> ■品川駅の施設配置
> - 美しくデザインされた広い幅員の自由通路が整備され、駅西側の高輪口と東側の港南口を結んでいる（図 4.1.1-3）。
> - 2003年には東海道新幹線の新駅が開設された。これによりこの地域の新幹線へのアクセシビリティが大幅に向上した。
> - 2004年に品川駅東口にJR東日本の多目的ビルであるJR品川イーストビルがオープンした。このビルにはオフィスのほか、2階から4階（各階は1,700 ㎡）は"ニューヨークスタイル"をコンセプトとし洗練されたデザインの「アトレ品川」ショッピングセンターとレストランが店舗を構えている。
> - 新しいビルはデッキによって、再開発地区の「品川インターシティ」とつながれている。
> - 新幹線のコンコースに位置する床面積 1,600 ㎡の新しいショッピングセンター「エキュート品川」が2005年にオープンした（図 4.1.1-4）。

「アトレ品川」以外にも、後に、店舗や売店の複合商業施設「エキュート品川」（2005）や「エキュート品川サウス」（2011）が展開された。複合商業施設「エキュート」は上野駅でも展開されている（2010）。

品川駅は上野駅と共に大きな成功を収めており、通勤客だけでなく、駅への買い物客など多くの顧客を引き寄せている。

図 4.1.1-3　広い幅員の自由通路（品川駅）　　図 4.1.1-4　品川駅の「エキュート品川」

- 62 -

（3）東京駅

東京駅は東京という地域における歴史ある主要ターミナルであり、日本でも乗車人数が多い駅（約42万人/日：2014年）である。

駅は異なる二つの顔を持つ。一つは、辰野金吾によって設計された、ネオルネッサンス様式の「丸の内駅舎」（1912）がある「丸の内」であり、もう一方は、新しいオフィスタワー群と屋根のある玄関口がある「八重洲」である。東京の中心部の活性化に向けた取り組みの一環として、2004年から、JR東日本は三菱地所などと共に東京駅の再開発に取り組んできた。

東京駅は、複合的な「ステーションシティ」というコンセプトのもと改装・再建された。丸の内側では、赤レンガの「丸の内駅舎」は解体され、耐震基準を満たしながら、創建当時の元の姿に復元された（再整備2012；図4.1.1-5）。創建時のレンガや石は再利用された。3階部分が加えられ、八角形のドームが再建されて当初の姿がよみがえった。内装については、レリーフ装飾が復元され既存の構造物を利用している。駅周辺は歩行者のために駅前広場がより広いものに改修され、幅広の歩道が皇居に向かって伸びている。

八重洲側には、2007年、「サピアタワー」と2棟からなる「グラントウキョウ」が竣工した。「サピアタワー」は、オフィス、ホテルメトロポリタン丸の内、会議施設などからなり、「グラントウキョウ」は、ヘルムート・ヤーン設計による、高さ200mの「サウス」「ノース」の二つのタワーで構成され、大丸デパートが入っている。これらの超高層ビルは"未来"を象徴するものである。グラントウキョウの二つのタワーを結ぶ八重洲側の中央部は、以前の建物より高さを低く抑え、屋外と乗降口を覆うダイナミックで風通しのよい大屋根がかかる長さ240mの歩行者デッキを持つ10,700平方メートルの広場に生まれ変わった（再整備2013；図4.1.1-6）。ヘルムート・ヤーンの設計によるデッキは、「帆」をイメージした巨大な白い屋根「グランルーフ」で覆われている。広々とした広場を見下ろすデッキに沿って店舗が配置されている。

図4.1.1-5　再整備された東京駅丸の内口

図4.1.1-6　「帆」をイメージした巨大な屋根を有する東京駅八重洲口

新しいビル建設の一方、地下空間もまた改良・改装された。「東京駅メディアコート」（2000）、鈴木エドワード設計の休憩場所「銀の鈴　待合広場」（2002）、レストラン街「キッチンストリート」（2004）、人々が安らげて地下1階に展開する各種施設を楽しむことができるように造られた街「グランスタ」（2009）がある。2013年、JRは東京駅の「グランスタ」に新たに「丸の内エリア」を開設した。その他のゾーン、地上階中央コンコース内の「セントラルストリート」は、歴史的な東京駅舎の全面再開業に合わせて開設された。

4．1．2　大都市の拠点駅の再生（サンフラワープラン）

　1997年からサンフラワープランに基づき、約3万人/日以上の利用客がある約360の駅のリニューアルが進められた。目的は駅の改善と商業目的による駅施設のレイアウトの変更である。上述したコスモスプランに基づく大規模な改修と比較して部分的な見直しと比較的小さな投資によるもので、目白（2000：現在3代目の駅舎へ改築）、代々木（2000）、橋本（2001：ミウィ橋本）、大崎（2003）、川越（2004：ルミネ川越）、日暮里（2009：駅ナカ「エキュート日暮里」；図 4.1.2-1）、八王子（2010：2つ目の駅ビル「セレオ八王子」；2012：「八王子ナウ」が「セレオ八王子北館」としてリニューアルオープン）、赤羽（2011：「エキュート赤羽」；図 4.1.2-2）、桜木町（2014：横浜ステーションビル、「CIAL桜木町」）、他いくつかの駅では新たな商業施設がオープンしている。

　約16万人/日の利用客がある赤羽駅には、21の店舗からなるショッピングモール"アルカード赤羽"がオープンした。この計画は大成功し、類似した開発がすぐに続いた。代々木駅は駅広場、コンコースと共に、JR東日本の駅へのメインエントランスのファサードをリフォームしている。このエントランスのリフォームは大江戸線の建設とあわせて行われ、アルミとガラスのカーテンウォールに会社のロゴが掲げられた正面デザインによりモダンなものとなった。このエントランスはJRと大江戸線の2つの路線の入口を兼ねている。

図 4.1.2-1　日暮里駅の「エキュート日暮里」　　図 4.1.2-2　赤羽駅の「エキュート赤羽」

4.1.3 既存の鉄道施設の新たな利用方法

新しい駅を開設するだけでなく、高架下の空間や古いプラットホームなどの既存施設が改修され新しい機能が導入されている。

(1) 万世橋

JR東日本は第27期(2013年度)事業報告の中で、駅スペース活用を重点項目に挙げている。新たな駅ナカ開発や新事業展開は、利用客の利便性の向上と、収益力強化のために推進されてきた。

駅改修や地域社会活性化の最新プロジェクトとして「JR神田万世橋ビル」(2013)と「マーチエキュート神田万世橋」(2013)がある。「JR神田万世橋ビル」は、中央線神田駅と御茶ノ水駅の間に位置する万世橋脇の旧鉄道博物館跡に建設された。リバーフロントのデッキ「マーチエキュート神田万世橋」は休止した旧万世橋駅の構造遺構を利用している。このプロジェクトは、地元住人に集いの場を提供し、旧万世橋駅の思い出をよみがえらせることによって地域の活性化に貢献するよう計画された。

■万世橋の施設配置
- 万世橋駅舎の遺構と赤レンガ高架橋を保存しつつ、川沿いにデッキを設けることで新たな徒歩ルートが構築された(図4.1.3-1)。
- 駅開業当時のアーチを残した新しい建物「マーチエキュート神田万世橋」は、商業施設と旧万世橋を利用した前面のデッキで構成される。
- この再生プロジェクトのコンセプトは、様々な店舗と展望デッキから成る「万世橋サロン」である。万世橋駅の旧プラットホームの一端が「2013プラットホーム」と名付けられた展望デッキとなっている。デッキとその隣のカフェは現行中央線の上下線路に挟まれており、利用者は通過電車を間近に観察するという珍しい体験ができる(図4.1.3-2)。
- こうした修復・創生が、歴史ある駅の雰囲気をよみがえらせた。

図4.1.3-1 万世橋駅赤レンガの高架橋

図4.1.3-2 万世橋駅の古いプラットホーム

（2）JR秋葉原駅～御徒町駅の周辺

　JR秋葉原駅～御徒町駅間の高架下の開発は2期にわたって実施された。第1期は2010年に開業したものづくりの街「2k540 AKI-OKA・ARTISAN」クリエーターズマーケットである。スペースは、多くの工房や職人たちに共同利用され、審美的にレイアウトされている（2010；図4.1.3-3）。この流れを背景に「ものづくり」をテーマとした施設が、御徒町エリアに登場した。工房とショップがひとつになったスタイル、ここでしか買えない商品、ものづくりの体験が出来るワークショップなど、さまざまな個性あふれる店が集まっている。鉄道では場所を示すのに東京駅を起点とした距離「キロ程」を用いるが、「2k540」の名称はこれに拠る。「AKI-OKA」とは秋葉原駅（AKIHABARA）と御徒町駅（OKACHIMACHI）の中間に位置していることを表し、「ARTISAN」とはフランス語で「職人」のことである。

　続いて第2弾として、2013年、秋葉原の高架下に「CHABARA・AKI-OKA MARCHE」が誕生した（2013；図4.1.3-4）。かつて活気あふれる神田青果市場（通称やっちゃば）だった場所が、再び当時の賑わいを彷彿とさせる「日本の食」をコンセプトとしたセレクトショップとして、秋葉原の新しい「食文化の街」として生まれ変わった。

図4.1.3-3「2k540 AKI-OKA・ARTISAN」　　図4.1.3-4「CHABARA・AKI-OKA MARCHE」

4．1．4　新幹線の駅

　JR東日本では、新幹線新駅の整備にあたってもデザインに工夫を凝らしている。ここでは山形、秋田、長野、東北新幹線の駅を紹介する。

（1）山形新幹線

　山形新幹線は福島－山形間が1992年に開業し、その後1999年に新庄へ延伸した。山形新幹線には、米沢(1992)、高畠(1992)、赤湯(1993)、かみのやま温泉(1994)、山形(1992)、天童(1999)、さくらんぼ東根(1999)、村山(1999)、大石田(1999)、新庄(1999)の10駅があり、これらの駅は、地方自治体と協力してデザインされていることが特徴である。その中から、いくつかの駅について紹介する。

① 赤湯駅

　山形県の赤湯駅(1993)は地方自治体と地域コミュニティが協同し、町づくりにあわせて整備された。設計者はコンペにより選ばれた鈴木エドワードであり、そのコンセプトは「自

然との調和」と「ハンググライダー」である。これに基づき以下のデザインがなされている。通商産業省（現・経済産業省）グッドデザイン賞を受賞している(1995)。

■赤湯駅のデザイン
- 駅は鉄骨構造による曲線格子梁で架構し、両妻面にV型柱を配置することで広い空間を確保した。さらに上部をガラス張りにすることで、自然の光が構内に降り注いでいる(4.1.4-1)。
- それはヨーロッパの空港駅を小型にしたような印象を与えている。内部の備品には独特なデザインがなされた。地元で盛んなハンググライダーが駅舎のデザインのモチーフとして天井から吊るされ、空を舞う姿を表現している。
- 新幹線のプラットホームはメインビルディングのキャノピーの下に設置。
- 駅には市民ホールスペースや広場が併設され、バリアフリー対応である。

図4.1.4-1　自然光を活用した赤湯駅　　図4.1.4-2　地域の公共空間を提供する山形駅

② 山形駅

　山形駅(1992)は、広いコンコースで駅と西口と東口を結び、さらに歩行者用デッキでショッピングセンター「メトロプラザ」及び「ホテルメトロポリタン山形」と結ばれる。
　駅コンコースは広く、自然の光がガラス張りの屋根から差し込む。駅には地元住民にとって便利な公共施設がある。

■山形駅のデザイン
- 自由通路は、鉄道の両側を結び地域社会のための公共空間を提供している(図4.1.4-2)。

図 4.1.4-3　天童駅舎内の将棋の対局　　　　図 4.1.4-4　地域のランドマークとなるさくらんぼ東根駅

③ 天童駅

　山形県の天童駅(1999)のデザインの特徴は独創的な形状をした筒状の通路であり、駅が地域の重要なランドマークとなっている。駅構内では天童名物である将棋の対局(図4.1.4-3)、地域の特産品の販売、展示会等様々な活動が行われ、地域のコミュニティセンターとしての役割も果たす。また、駅前広場も整備され景観を美しいものとしている。

④ さくらんぼ東根駅

　山形県のさくらんぼ東根駅(1999)の設計者は、本間利雄であるが、他の駅と同様に地域の町づくりの一環として位置づけられ、周辺の自治体の意見を採り入れ設計された。駅舎のデザインコンセプトには"わかりやすく人にやさしい駅"であり、地域のモチーフである果樹と山並みをデザインに取り入れ、周囲を美しい広場で囲まれた特徴ある建物は地域のランドマークとなっている(図4.1.4-4)。駅舎内にコミュニティセンターとインフォメーションコーナーが設置された。そして自由通路が建設され、新幹線路線の両側を結んでいる。また、自家用車、タクシー、バス輸送に十分に配慮した駅ロータリーが駅前に整備されている。「地域・風土との調和と温もり感じる建築」を基本として、「果樹王国ひがしね」のイメージを尊重し、柱と立体トラスにより「大地から伸びる幹と実をつける枝」を表現し、加えて「周辺の山並み」をトラスと木製ルーバーの三角形の連なりで表現している。

⑤ 村山駅

　村山駅(1999)の駅舎は明るくモダンである。トラス構造は明るさの確保と外観と屋内デザインに貢献している。地域のモチーフが装飾に用いられている。旅行者のためのインフォメーションコーナーと住民のための図書館などの公共施設が駅に併設されており、新幹線の利用前後の時間を活用して読書や本を借りることも出来る。自由通路が建設され、新幹線路線の両側を結んでいる。正面の駅前広場は非常に美しく便利である。

⑥ 大石田駅

藤木隆男が設計した大石田駅(1999)の駅舎の屋根は、最上川の船着き場の石段をイメージしており、そこに座って最上川の舟運の歴史を思い、また広場で行われる祭りを見物することも出来る。駅と地域コミュニティの連携を図るため、コミュニティセンターや図書館、ギャラリー、スパ、町役場、レクリエーションスペースなど、人々が集うことの出来る施設を設けている。さらにJR東日本は様々な行政施設やチャイルドケアや老人ホームのような施設を設置することで地域との連携を強めている。

⑦ 新庄駅

山形新幹線の終点である新庄駅(1999)は、駅舎のイメージを"簡素、機能的、現代的"から"個性的、スタイリッシュ"に変えるというコンセプトに従い、山下和正によって設計された。駅舎は大量のガラスを用いた現代的な建築様式で、日本の鉄道駅には稀な独特のデザインである(図4.1.4-5)。外観は雪国の暗いイメージを払拭する願いを込めた全面ガラス張りで、自然採光を最大限活用した明るい構造で、建物内部は、木を多用し「最上の人々の温かさと豊かな自然」を表現した造りになっている。駅舎と一体的に最上エコポリス構想による"理想郷づくり"の拠点として位置づけられる最上広域交流センター「ゆめりあ」が併設され、最上地方の玄関口としてこの駅から地域全体に誘客を促すための地域情報の発信・案内機能を担っている。「ゆめりあ」は、地域内外の交流を促進させるための多目的広場「花と緑の交流広場」、アトリウムガーデン、地域文化体験施設「もがみ体験館」、窓口とインターネットで最上地方の観光情報を中心に地域を紹介するインフォメーションセンター、コンサートや講演会等のための多目的ホール「ホール・アベージュ」、会議室、地域物産館、飲食店舗等を備えた複合的施設である(図4.1.4-6)。

駅東側には、千台の無料駐車場が整備され、駅舎と2階通路で結ばれており、パークアンドライドによる新幹線利用者や新庄商店街の買い物客などに利便性を提供している。新庄駅整備については、市町村をはじめとする地域コミュニティは計画の段階から携わっており、また地方自治体からの補助により、特徴のある駅のデザインが実現されている。

図4.1.4-5 特徴的なデザインの新庄駅

図4.1.4-6 新庄駅の多目的ホール

（２）秋田新幹線

秋田新幹線は盛岡－秋田間が1997年に完成し、東北新幹線と田沢湖線の間で直通運転が行われた。秋田新幹線には、雫石(1997)、田沢湖(1997)、角館(1997)、大曲(1997)、秋田(1997)の5駅がある。その中から、田沢湖駅と角館駅を紹介する。

① 田沢湖駅

秋田県の田沢湖駅(1997)は坂茂によって設計された。古い駅舎は修復され、秋田県への入口として、旅行者への情報センターとなる新しい駅が建設された。デザインコンセプトは、ガラスを多用した背後の山並みが透けて見えるシースルーステーションである（図4.1.4-7）。カーテンウォールの垂直部材と内部の柱により強調される縦のラインと水平な屋根がシンプルな印象を与えている。建物前面は曲面で、それが奥行きを感じさせている。建物の内部の天井や床、壁に木が使用されている。

駅舎内には総合インフォメーション施設が併設され、観光案内と地域の自然や名産を紹介するコーナー、観光スポットを紹介するキネマ倶楽部などがある。駅前広場は、田沢湖観光の玄関口であることを意識して、水と緑をテーマにした潤いある空間となっている。バスやタクシー乗降場、観光バス待機場、幅広の歩行者通路や休憩用の広場スペースが十分に確保され、自動車、歩行者双方のために良くデザインされている。

図4.1.4-7 背後の山並みが透けて見える田沢湖駅

図4.1.4-8 歴史をデザインに取り入れた角館駅

② 角館駅

角館駅(1997)は陸奥の小京都角館の象徴である入母屋式の薬医門をイメージしたデザインとなっており、このデザインが旅行者を角館の歴史地区へ誘う（図4.1.4-8）。色は白と黒でシンプルな配色である。駅前広場が整備され、タクシー、バス乗降場がある。駅舎、駅前広場内の施設、観光案内所等も含め駅周辺は歴史を反映したデザインで統一され、舗装はこれらになじむグレーを基調としている。

（3）北陸新幹線

　北陸新幹線は 1998 年の長野冬季オリンピック開催に合わせて 1997 年開業した（開業当時は長野新幹線と呼ばれた）。初期開業区間は、安中榛名（1997）、軽井沢（1997）、佐久平（1997）、上田（1997）、長野（1997;2015）の 5 駅がある。この中で、長野駅と上田駅について紹介する。

① 長野駅

　長野駅は北陸新幹線の初期開業時にあわせ駅舎が改造された（1997）。信越線の長野駅は全国から善光寺を訪れる人たちの玄関口であり、駅舎は善光寺の本堂をイメージする仏閣型デザインで、利用者や市民に愛されてきたが、新しい駅はこれとは異なりモダンな建築物となっている。

　新駅舎の設計の視点は、新幹線利用者を迎える地域間・国際交流の拠点となるスペースと、地域交流の拠点となる在来線利用者のためのローカルスペースで構成するとされている。長野の豊かな自然と歴史をモチーフとした未来に生きる駅である。善光寺口と東口をつなぐコンコースは伝統ある善光寺の参道を表現して、格子や障子をイメージしたデザインとなっており、壁には「牛に引かれて善光寺参り」の絵がある（図 4.1.4-9）。コンコースの中央部には新幹線、在来線の改札口が設けられ、この部分は幅員が広げられた上に、アーチ型のガラス天井から自然光が入る明るい大空間となっている。この駅舎の中で特に魅力的な場所となっている。コンコースは駅前広場上部の歩行者デッキと接続し、駅前地区からのアクセスを容易なものとしている。長野市はコンパクトなまちづくりを目指して、駅と中心市街地の連携を強化するための歩行者ネットワークの強化を方針としており、コンコースはこのネットワークの一部を構成している。

　一方、駅の正面は、駅舎のボリューム感に配慮してシンプルなデザインとしていたが、ローカル色溢れた以前の駅舎と比べると、面白味に欠けていた。ただし、2015 年 3 月に完成した善光寺出口側の新しい駅舎（図 4.1.4-10）は寺院の建築のイメージに変更された。

図 4.1.4-9　格子や障子を表現した長野駅　　図 4.1.4-10　再整備された善光寺口

② 上田駅

上田駅(1997)も長野駅と同様に北陸新幹線の初期開業時に在来線の駅舎と併せて新設された。新幹線の上田駅は北陸新幹線の初期開業区間では唯一の高架駅である。上田市は鎌倉時代に信濃国の守護所が置かれ、戦国時代に真田家の城下町となった。江戸時代には中仙道と北陸道を結ぶ要所に位置する宿場町であり、歴史的に重要な地であった。また大正時代には養蚕の生産で全国一の町として発展してきた。そのため市内には古い町並みが残り、そこには多くの蔵がある。

上田駅のデザインコンセプトはこの蔵のイメージである。外壁の腰壁は黒御影石を斜めに張り、蔵のなまこ壁を表現した。中間部は蔵の白壁を思わせ、清潔感と新しさを表現している。コンコースを含む駅舎の内装は、外壁のイメージを持続し、床は黒系統の石英石を、腰壁には黒御影石を使い、落ち着いた雰囲気となっている。

コンコースにより駅の両側に整備された駅前広場と駅改札口がつながっている。改札口の部分は吹き抜けのホールとなっており、明るい雰囲気である。

（４）東北新幹線：八戸駅

東北新幹線は東京と青森県新青森を結ぶ全長 674.9km の JR 東日本の路線である。東京－盛岡間が 1982 年に開業し、その後 2002 年に八戸まで延伸した。この延伸により整備された駅は、いわて沼宮内(2002)、二戸(2002)、八戸(2002)の３駅であるが、ここでは八戸駅について紹介する。なお、2010 年には八戸-新青森間も延伸開業済みである。

岡田新一が設計した八戸駅 (2002 年) は JR 東日本の"ステーションルネッサンス"の"サンフラワープラン"のもとに建設された。

デザインコンセプトは、地域の文化、海に代表される自然環境、寒冷地であるという気象条件、橋上駅という駅構造等の様々な特性を考慮した駅である。プラットホームを楕円筒状の 300m を越える巨大シェルターで覆い、柱などの障害物をなくし天井の高い連続した空間を創っている。この大空間は、寒さをしのぐ上で効果的であるが、プラットホーム内の眺望を良くする面でも有効で、ヨーロッパの伝統的な駅をイメージさせる。東西の駅前広場をつなぐ自由通路が東北本線と新幹線の駅上に建設され、「うみねこロード」と名付けられた。通路は天井が高く開放的な雰囲気で、この通路の中央に改札口がある。新幹線改札内は屋根が高く広々としている。駅のプラットホームは１階にあり、２階部分にコンコースや待合室があるが、プラットホームとコンコースの両方が室内にあり、利用しやすい。トラス構造とガラスを採用しているので案内標識に頼らなくても駅のレイアウトが容易に認識できる。２階部分のコンコースや待合室からプラットホームが見渡せ、列車の到着を確認できるので、ここからの風景は空港ロビーから飛行機を眺めるのと似た雰囲気があり、旅の楽しみが増す（図 4.1.4-11）。筒状のシェルター、駅舎、自由通路の外壁は白を基調としているので、これを上空から眺めると、翼を広げたウミネコをイメージさせる。

東口には駅舎に併設して、ホテルメッツとうみねこプラザがある。うみねこプラザには

郷土料理店、観光案内所、海産物店、図書館、市民サービスセンターが置かれている。これらは旅行者と地域住民のための拠点となるとともに、都市の風景に新たな要素を加えた。

図 4.1.4-11　コンコースからプラットホームが見渡せる八戸駅

4．1．5　地方都市の駅

　JR 東日本は、地方の駅についても、駅が単に交通機能を持つだけでなく、アイデンティティ、文化、アメニティという特徴を持つ魅力的なものにすることを目指してきた。駅を出発と到着の場所としてだけではなく、地域の人々が集まり、情報収集できる文化的な場所として意識し、整備を進めてきた。また、地方自治体とも協力し、公園、駅前広場、地域特産品の宣伝販売を行う商業施設なども対象にして、総合的な整備をすすめているものが多い。

①　ほっとゆだ駅

　北上線のほっとゆだ駅(1989)は温泉付き駅舎である。ほっとゆだ駅が表玄関となっている旧湯田町は町の過疎化対策のための地域活性化を目的として、町内の豊富な温泉資源を活用した「お湯ーとぴあ」構想を策定した。その具体策として、1984 年に駅の西側に駅舎と一体的に温泉会館を建設した。デザインコンセプトは「地域に密着した建物」ということで、木の風情を活かした木造２階建ての素朴な民家風建物である（図 4.1.5-1）。屋根は山間部である当該地域の特性を表現し、入母屋と切妻を組み合わせ、さらに山並みをイメージしたデザインとなっている。屋根の上部に置かれたトンガリ屋根の時計台、町の鳥「やまどり」を模した飾りがユニークである。

図 4.1.5-1　民家風のほっとゆだ駅舎　　　　　図 4.1.5-2　森林をイメージした磐城塙駅舎

② 磐城塙駅

　1996 年に完成した水郡線の磐城塙駅の駅舎は、伊藤邦明によって設計されたユニークな駅舎デザインであり、当時では珍しく駅施設と町のコミュニティ施設とを合築した。デザインコンセプトは"木の町塙の森林のイメージ"で、プラットホームに沿って木の形をした 8 つの屋根を持つユニークな建物が森林を思わせ、材料も地場のものを使うことで、建築と自然を統合した塙町のシンボルとなり、地域のランドマークとなっている（図 4.1.5-2）。

　塙駅の設計には地域住民の意見が取り入れられ、合築した「塙町コミュニティプラザ」は、駅舎に町立図書館、物産品コーナー、展示コーナーなどを併設した複合施設で、情報発信基地、社会教育の拠点として、地域の中心となった。インテリアデザインは和傘のような伝統的な紋様意匠を用いている。またプラザ内には漫画廊があり漫画家富永一郎の原画が年に数回の入れ替えをして常設展示されているほか、地域住民等の作品展示コーナーや、物産品コーナーなどがあり、町内外の人々が集い、語り合う交流の場でもある。この建物はグッドデザイン施設賞、県建築文化賞正賞、鉄道デザインの国際デザインコンペティションであるブルネル賞など数々の賞に輝いている。

③ 矢吹駅

　東北本線の矢吹駅は、柴田いづみによって設計され、1995 年に完成した鉄とガラス管と透明な壁からなる現代的な建物である。駅舎は西口側に位置し、コミュニティプラザを併設している。駅舎正面のファサードの 2 階部分にメガネのように並ぶ二つの円型がデザインされ、近未来をイメージさせる特異なデザインで、地域のランドマークとなっている（図 4.1.5-3）。この二つの筒は駅の東西を結ぶ通路となっている、通路の両脇に椅子があり待合室を兼ねている。併設の矢吹町コミュニティプラザ 2 階には図書館がある。この駅舎は 1997 年に福島県の建築文化特別賞を受賞した。プラットホームにおりてみると、近代的な駅舎と相反し、プラットホームには屋根が無くアンバランスな印象を与える。駅の正面に大きな素晴らしい広場がある。

図 4.1.5-3　地域のランドマークとなる矢吹駅舎　　図 4.1.5-4　垂直面と斜面を組み合わせた竜王駅

④　竜王駅

　安藤忠雄の設計による新駅舎は2008年に開業した。駅舎を橋上駅舎とし、併せて南北自由通路を設置することで従来は南側からしかアクセスできなかったのを、北側からのアクセスも可能とした。新竜王駅舎のコンセプトは、2004年9月に合併した旧竜王町、旧敷島町、旧双葉町を一つにつなぐ鎹（かすがい）である。地元の特産品である水晶、武田信玄の業績として名高い信玄堤の聖牛など、甲斐市の自然、歴史、未来をイメージする三角形を基本的な構成要素として、垂直面や斜面などを組み合わせた多面体で構成している。駅舎と自由通路は一体的にデザインされ、幾何学模様のデザインを組み合わせ、ガラスを多用することで透明感あふれるデザインとなっている。このガラス窓を通し、東側から富士山、西側から南アルプスが一望できる。自由通路内には、市の行政情報や観光案内等をリアルタイムに発信する情報配信システムなども設置している。

　駅舎とプラットホームをつなぐ階段、エスカレータも駅舎と一体的にデザインされ、プラットホームをかさ上げすることにより電車の乗降口との段差を無くし、利用者がスムーズに乗降出来るようになった。

　駅舎と自由通路は、竜王駅周辺整備事業の一環として整備されたが、この事業で駅前広場、周辺道路の整備も進められた。広場にはロータリー、駐輪場などが配置され、そこから市内巡回バス、コミュニティバス、観光巡回バス、路線バスの運行とタクシーの利用が可能となった（図 4.1.5-4）。竜王駅周辺は、甲斐市緑の基本計画を基に「花と緑の拠点」と位置づけられており、積極的に緑化の推進・誘導が進められている。広場には、シンボルツリーとして南口にケヤキ、北口にクスノキが植えられ、花壇も配置されている。

⑤　宝積寺駅

　栃木県高根沢町に位置する宝積寺駅(2008)は、隈研吾の設計である。駅舎の主要部分は、高根沢町の東西を結ぶ自由通路である。この通路は、同じく隈研吾の設計による「ちょっ

蔵広場」や避難所へのアクセスも可能にした。デザインコンセプトは、使われず残っていた石造りの米蔵の素材「大谷石」の特徴を探ることから始まった。建築家は大谷石の中にできる「気孔＝みそ」を、鉄骨と大谷石を斜めに組み合わせた新しい構造システムに変身させ倉庫に組み入れた。続いて駅舎の「気孔」にもこの斜めになった構造を取り入れた。大谷石は特異な石で、他の石とくらべて柔らかく温かみがある。

この駅は天井のデザインに力点が置かれている。階段を上がるにつれ天井高が低くなり、一番低くなる上階のコンコースは広々としたロフトのような空間を生み出している。天井は、下に向かうにつれだんだんと深くなって囲みを作り、階段最下段で一番高さのある構造部材にアクセントをつけている（図 4.1.5-5）。設計上 900-1,820mm の交差軸で同じサイズと比率をもつ合計約 1500 の菱形で構成されている。宝積寺駅は 2008 年、「ブルネル賞」で建築部門の奨励賞を受賞した。

図 4.1.5-5　階段の天井に特徴がある宝積寺駅

４．２　東京メトロによるデザイン

　東京メトロは戦前設立された帝都高速度交通営団が 2004 年の民営化により誕生したもので、正式名称は東京地下鉄株式会社である。東京メトロは地下鉄の運営の他に、ビル、ステーションサービス、広告等の関連事業も行う。営団時代のロゴは"S"の形をしており、「安全」、「正確」、「迅速」、「サービス」を意味していたが、東京メトロはこのロゴを明るい青を背景にしたハート型の"M"の形に変えた。これはフランス語で「地下鉄」を意味する"Metro"から来ており、新しい企業の哲学である「東京を走らせる力」を表わす。

４．２．１　駅の再生

　東京メトロは営団地下鉄時代には「リフレッシュ"S"プログラム」、に基づき、駅務室の再配置や劣化した仕上げ材の補修といった小規模な改修工事を行ってきた。例えば丸ノ内線の本郷三丁目駅は 2002 年を目途にテーマ性を有する駅に大規模改良がなされた。駅舎を鉄骨構造２階建に建て替え、地下乗降場への降り口を改良することにより駅施設を刷新した。更にエスカレータ、エレベータを設置し、十分な自然光を取り入れるトップライトを採用した。駅舎が地上にあるというこの駅の特性を生かし、「未来へはばたく羽根」をイ

メージした膜屋根により自然光を取り入れた開放的な空間を作り出し、「魅力ある駅」とした。

駅の改良は、丸ノ内線の茗荷谷駅、後楽園駅、銀座駅など、特に古い駅について、継続して行われている。いくつかの駅において、特定のテーマで駅プラットホームを装飾し、「テーマあるデザイン」化が実施された（例：後楽園駅、図 4.2.1-1）。

2004 年 4 月には、試験運用として銀座と大手町駅に黄色と青色を用いた新しいデザインの案内標識が導入され、現在すべての駅共通の標識となっている。さらに、2008 年より駅施設の最適な配置と利用による旅客サービスの向上を目的に、概ね 40 年間で全駅の全面的なリニューアルを行う計画を定め改良を始めた。

銀座線や丸ノ内線、日比谷線等の古い路線では、例えばプラットホームの壁装飾に面白みがなく、案内標識と広告が混在し、ありふれた照明、色彩デザインの欠如等 デザイン上、問題のある駅が残るが（例：溜池山王駅、図 4.2.1-2）、改装が進んでいる駅もある（銀座駅、2012；「エチカフィット銀座」）。ただ、多くの駅は道路下に設置されているため、改良には物理的な制約があるので、プラットホーム、階段、コンコース等に全体としてまとまりのある大胆なデザインを施すには限界がある。

図 4.2.1-1　テーマあるデザインの後楽園駅（丸ノ内線）　　図 4.2.1-2　案内標識と広告が混在したコンコース：溜池山王駅

４．２．２　周辺の建物や土地柄との調和
（１）周囲の建物のデザインと調和した駅の入口－有楽町駅,六本木駅,表参道駅,池袋駅

新宿に移転した東京都庁の跡地に建設された東京フォーラムの建設に伴い、新たに設けられた有楽町線有楽町駅の出入口（1996）は、東京フォーラムが設置し、管理しているもので、東京フォーラムの設計者であるラファエル・ビノリー（Rafael Viñoly）によって設計され、フォーラムと共通した建物の構造と材質である鋼のフレーム、ガラスを用いたものとなっている。入口には、印象深いカンチレバー構造の幅 5.2m、長さ 10m のガラスのキャノピーが用いられている。

六本木ヒルズの建設に伴い、日比谷線六本木駅のコンコースを延伸して六本木ヒルズが敷地内に設けた出入口も、現代的な建築物である六本木ヒルズと調和した石の外観に使わ

れている。このようにビル側が協力することにより、周辺景観と調和し都市景観の向上に貢献する出入口を設けることができる(図 4.2.2-1)。

東京のファッション発信地に位置する表参道駅の出入口は、その周辺地域がもつ性格を反映したものになっている。東京メトロの大きなロゴが付けられ、鋼材とガラスでできた出入口はエレガントであり、洗練された表参道の街並みに大変よく合っている。

一方、池袋駅の地下ショッピングモール「エチカ池袋」への出入口は、モールのアール・デコのインテリアデザインにインスピレーションを得て考えられている(図 4.2.2-2)。

図 4.2.2-1　周辺景観と調和した出入り口：六本木駅

図 4.2.2-2　地下モール「エチカ池袋」のデザインと調和した出入り口：池袋駅

（２）駅と直結する施設や土地柄をモチーフとした駅－半蔵門線三越前駅,錦糸町駅,清澄白河駅

半蔵門線のうち、水天宮前駅から押上駅まで延伸した区間の駅のデザインコンセプトは、周辺地域が下町として発展してきた地域であることを考慮して「江戸下町文化の未来への継承」であり、地域の伝統的モチーフをもとに駅毎のデザインテーマとステーションカラーが定められている。清澄白河駅が江戸小紋で緑青（ろくしょう）、住吉駅は江戸職人芸で紅緋（べにひ）、錦糸町駅は江戸浮世絵で淡群青（うすぐんじょう）、押上駅は江戸の祭りで藁色（わらいろ）である。また、プラットホームの壁面や自動改札前の壁面にはウォールアートが設置されている。例えば清澄白河駅ではプラットホーム壁面のウォールアートはプラットホーム側からトップライトで照らされることで効果が強調されており（図 4.2.2-3）、自動改札前にはモチーフに対応したパネルが設置されている。このような個々の駅への独自のアプローチは、駅とその土地の関連性を高め、乗客にとってより地下鉄利用を楽しいものにする。しかし、細かな点であるが、駅名表示に目を引き付けるよう、プラットホーム壁画の真ん中にステーションカラーの帯を入れ、そこに駅名を表示しているため、せっかくのアートが上下に分断されているので、見る人によっては残念に思うかもしれない。

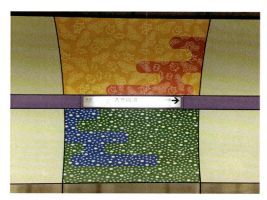

図 4.2.2-3　駅名表示がアートを分断：清澄白河駅（半蔵門線）

（3）路線単位で駅をトータルデザイン－南北線の駅

　南北線は 1991 年にまず駒込～赤羽岩淵間が開業し、溜池山王～駒込間、目黒～溜池山王間と順次完成した。2000 年に目黒～赤羽岩淵間の全線開業となり、同時に東急目黒線（当時は武蔵小杉駅まで）との相互乗り入れが始まった。

　2001 年には埼玉高速鉄道の赤羽岩淵～浦和美園間が開業し、相互直通運転を実施している。南北線のデザインは「質の高いデザイン（ハイクオリティ）」、「快適性（アメニティ）」、「総合的なデザイン（トータリティ）」を基本理念としている。東京メトロでは初めて全てのプラットホームにホームドアを導入し、曲面天井、間接照明、ホームドア色彩計画によりアートギャラリーのような雰囲気を持つ質の高い空間を構成し、南北線に新しい地下鉄のイメージを生み出すことを基本方針とした。駅ごとに異なるアーティストを起用し、対向壁面のアートワーク、六色（緑、青、紫、赤、橙、黄）のステーションカラーの組み合わせにより、各駅それぞれの個性、独自性を作りだしている。ホームドア越しに見る壁には絵が描かれ、このような芸術作品によって地下空間はより快適で魅力的なものになっている。

　また、コンコースは、改札上部の曲面天井等の独創的デザインによって新しいイメージをつくり出すこと、メディアウォール（例：四ツ谷駅、図 4.2.2-4）によって、路線全体の統一イメージをつくりながら地域の特徴を表現すること、人間工学に裏づけされた使いやすい券売機コーナー、自動改札機とすること、快適な空間とすることを基本方針とした（例：後楽園駅）。駅の色と案内標識やグラフィックデザインを組み合わせ、ドア、券売機のアレンジ、入口の天井などのデザイン、備品のデザイン、駅の環境などとコーディネートし、トータルデザインを達成しようという試みである。飯田橋駅では、入口は、駅を象徴する柱、照明とコーディネートされた天井の独自の形によって目立っている。自動改札の上には照明が設置され、明るく入口を照らしている（図 4.2.2-5）。なお、各駅の壁面のアートウォールは様々な企業がスポンサーとなっており、例えば、「自然との出会い」をモチーフにした溜池山王駅は日本たばこ産業であり、「四季」をモチーフとした四ツ谷駅は日本経済新聞社である。

図 4.2.2-4　四ツ谷駅（南北線）のメディアウォール

　南北線の駅は広く、天井が高い。例えばプラットホームの天井は 2.85m（古い路線の場合は 2.3m）、ホームドアの端と柱の距離は 1.2m である。駅の出入口の多くは通りに面した既存の建物に作られているか、歩道上に作られているが、新しいオフィスと住宅の開発計画地区に合わせて作られた六本木一丁目駅の場合は、出入口は上品な石で仕上げられカラーコーディネートされた、現代的で透明な材質のビルとしてデザインされている。紫色が出入口の柱やホームドアに用いられている（泉ガーデンビルの敷地内）。

図 4.2.2-5　独特なデザインの天井と照明：飯田橋駅（南北線）

（4）副都心線の駅

　副都心線は和光市～渋谷間 20.2km の路線で、池袋～小竹向原間は有楽町線と併せて整備が行われ、1987 年に開業し、残りの区間である渋谷から新宿をへて池袋に至る全長 8.9km は 2008 年に開業した。開業当初から東武東上線、西武池袋線と相互直通運転を行っていたが、2013 年に東急東横線と直通運転する工事が完成し、同路線とも直通運転を開始した。

　新たに設置された 7 駅の内、雑司ヶ谷、西早稲田、東新宿、新宿三丁目、北参道、明治神宮前の 6 駅を東京メトロが設計、施工し、渋谷駅は東京メトロから東急電鉄に設計、施

工が委託された。東京メトロが設計、施工した6駅は、東京メトロのグループ理念「東京を走らせる力」から、全体コンセプトを「駅を楽しみ、地域を楽しむ駅」と定め、全体コンセプトを具体化する手段として、以下に示す5つのデザイン手法を定めている。

■副都心線における5つのデザイン手法（東京地下鉄副都心線建設史より）

①ロビー空間

駅構内をアプローチ空間とロビー空間に分けて計画し、ロビーゲートにより2つの空間を明確に区分した。アプローチ空間については、メンテナンスの容易性とローコストを重視したシンプルな空間とし、ロビー空間はお客様の快適性向上を重視した計画とした。

②快適空間（大空間・吹抜け）

駅構内の通路や広間、乗降場広間、乗降場などに天井の高い大空間や吹抜けを設け、地下の閉鎖的な印象を払拭した開放的な空間を計画した。

③ユニバーサルデザイン

障害者、高齢者、健常者の区別なしに全ての人が使いやすい駅を計画した。

④地域の投影

地域の歴史や文化を、各駅のデザインコンセプトに反映した駅を計画した。

⑤パブリックアート

ゆとりある潤いのある文化的空間を駅に創造させるため、芸術家によるパブリックアートを設置した。

快適空間は、6駅の中で雑司が谷駅、東新宿駅、新宿三丁目駅、明治神宮前駅に設けられている（図4.2.2-6）。また、池袋駅から渋谷駅の8駅に企業、団体の協賛を得て、全作品に共通するコンセプト「活力（ENERGY）」を持つパブリックアートを14か所に設置した（例：北参道駅のパブリックアート「晴のち雨のち晴」：吉武研司、図4.2.2-7）。また地域の投影に関しては、駅毎にデザインコンセプトを定め、それをイメージさせるステーションカラーを採用している。例えば、雑司が谷駅のデザインコンセプトは、「木漏れ日×過去への思い出」でステーションカラーは「青竹色（あおたけいろ）」である。このステーションカラーにより乗客は容易に駅を識別できる。「ステーションカラー」はプラットホームに正対する軌道側の壁面、プラットホームの壁、駅構内の調度品などのデザインに反映され、例えば、新宿三丁目駅に適用される紫色は、装飾パネル上や壁に示される。

東急電鉄が設計、施工した渋谷駅は、東急文化会館跡地の再開発計画の一部であり、安藤忠雄がデザインした。このデザインが強調している点は、横80m、縦24mの楕円形をした「地宙船」と呼ばれるカプセルの空間で、駅全体が地下に沈んだ宇宙船のような構造となっており、プラットホームの天井部分が球体の「船底」にあたる。ここに、大きな吹き抜け空間を設け、上層部の改札階などから下層部を見渡せる。この空間に改札階とプラット

ホームを結ぶエスカレータが設置されている。入口部の地宙船の天井にあたる部分は、高く、波形をしており、乗客に地下深く降りる際の閉塞感を感じさせにくい。
　新たに建設された区間の各駅共に経済的視点と美的な視点の両者が巧みに調和したデザインとなっている。

図 4.2.2-6　明治神宮前駅（副都心線）の快適空間　　図 4.2.2-7　北参道駅のパブリックアート（副都心線）

4．3　横浜高速鉄道みなとみらい線のデザイン
（1）路線全体のデザインコンセプト
　みなとみらい線は第3セクターの横浜高速鉄道株式会社が2004年に開業した、横浜駅からみなとみらい21地区を経て元町・中華街までの4.1kmの路線である。路線には横浜、新高島、みなとみらい、馬車道、日本大通り、元町・中華街駅の6駅がある。本路線の開業にともない、東急東横線は横浜駅〜桜木町駅間を廃止し、横浜駅で相互直通運転を行っている。この路線の整備によりウォーターフロントのレジャーエリア、国際展示場や会議場などがあるみなとみらい21地区、再開発された赤レンガ倉庫地区と中華街へ鉄道アクセスは大きく改善された。
　みなとみらい線の横浜駅、新高島駅を除く、みなとみらい中央駅、馬車道駅、日本大通り駅、元町・中華街駅の4駅のデザインは、委員長渡辺定夫はじめ、都市デザイナー、建築家、交通評論家、横浜市関係者、各駅のデザイン担当の建築家で構成された「みなとみらい21線デザイン委員会」でその基本理念やコンセプトが議論された。
　4駅は次の3つをデザインの基本理念としている。

■みなとみらい線のデザインにおける基本理念

- 各駅を個性的なデザインとし、「文明開化発祥の地・横浜」にふさわしい情報発信（話題性の提供）を行い、単なる乗降施設から脱却して来訪者を呼び込み乗降客の増加に寄与する。
- デザイン都市「YOKOHAMA」にふさわしい質の高い駅を演出する。周辺環境（地上の風景；街）と調和するとともに、人々に親しまれ地域の財産となる公的空間を実現する。
- これらは、建築素材などに費用をかけることにより実現するのではなく、洗練されたデザインにより実現することをねらいとする。

この理念に基づき、全体コンセプトを「地域に愛され、地域の財産となる個性とアメニティにあふれる駅デザインを創出する」とし、これを実現するために、以下の 3 点をデザインコンセプトとして設定した。

■みなとみらい線のデザインコンセプト

- 地上の街の特性や魅力、情報や雰囲気を地下空間に引き込む、アーバンギャラリーの演出。街と一体化した駅とする。
- バリアフリー：すべての利用者に配慮された、人に優しい駅
- 管理・メンテナンスの容易さ

　みなとみらい線の駅の特徴はまず駅空間が従来の地下鉄に比べ、大きいことである。みなとみらい線建設のキーパーソンであった前横浜高速鉄道株式会社の太田浩雄によると、鉄道事業の常識を超えた大きな空間を関係省庁に納得してもらうため、横浜中心部の公共スペースの不足解消の一助として、地下の駅空間を駅機能のみならず他用途にも使うことを理由としたという。その空間で建築家が駅を設計した。過去にも大江戸線のように駅空間を建築家がデザインした例はあるが、空間は従前の鉄道と同規模でしか確保されていなかったので、腕の振るいどころが少ないものであった。建築デザインは活躍中の著名な建築家－早川邦彦（みなとみらい駅）、内藤廣（馬車道駅）、伊東豊雄（元町・中華街駅）－に委ねられた。これら建築家にとって、この様な条件下のプロジェクトに関わるのは初めてであったが、それぞれ独特なデザインを生みだした。建築家にとって土木工学との協調は楽しい経験であったが、その一方で、建築家が招かれたのは土木構造物のデザインの後期の段階、つまり空間の配置がエンジニアの設計によって決まった後であり、建築家が空間の大きさを含めて設計することができず、予め確保された駅空間の制約下でしか駅をデザインすることができないことに不満を漏らす者もいた（松浦 2004）。

　以下に、気鋭の建築家の設計による、みなとみらい、馬車道、元町中華街の３駅につい

てそれぞれのデザインコンセプトを紹介する。

（２）みなとみらい駅

みなとみらい駅(2004)はみなとみらい地区の中央に位置し、南西には横浜美術館とランドマークタワー、北東の方角、海の近くには国際会議場、横浜クイーンズスクエアのショッピングセンターとホテルパシフィコ横浜がある。したがって駅は、現代的な周囲と調和した公共性の高いものを意図し、早川邦彦によってデザインされた。デザインコンセプトは以下のとおりである。

> ■「みなとみらい駅」のデザインコンセプト
> - 視認性の高い、オリエンテーションの良い駅とする。：移動の流れのつかみにくい地下空間の中で与えられた躯体のボリュームを最大限に利用し、障害物の少ない見通しの良い駅とする（図4.3-1）。
> - 単体機能から複合機能の駅への配慮。：移動の拠点としての施設から、街との接点である公共建築として駅を捉える。街のインフォメーションを提供し、公共サービスとして将来追加されるべき機能へも配慮する。
> - 駅周辺のもつ雰囲気を、駅の中に連続させる。：駅周辺街区及びペデストリアン・ストリートとの連続性を高めると同時に、美術館や国際展示場などイベント性の高い施設のある街の雰囲気を駅に取り込む。

図 4.3-1　見通しの良いみなとみらい駅の構造

地下3階のプラットホーム階から地上のアトリウムまで吹き抜けの空間を造ることによりプラットホームから商業施設が見える開放感と、入口の広場からプラットホームまでの連続性が確保されている。この空間に設置されたエスカレータを通じて、駅が商業施設「クイーンズスクエア横浜」に直結している。駅の空間イメージを"アーバンギャラリー"として捉えられているが、それは近くに横浜美術館があることだけに関係するのではなく、駅でイベントが自然発生したり、みなとみらい21地区の最新情報を受け取れたりする空間

となることである。その結果、駅は単に通り過ぎるだけでなく、立ち止まり、リラックスし、コミュニケーションをとる機会を多くの人々に提供し得る。

　駅のデザインモチーフは海が近いことから「船」である。色は白と青を基調にし、ダクトは剥き出しで、駅のオフィスやトイレは波止場の近くに積み上げられた積荷のコンテナに似せた独立したブースとしてデザインされている。プラットホームの天井には青いストライプとプラットホームに沿った照明がある。ベンチやランプのような備品には独特なデザインが施されている。地下2階の入口広場は幅20m、長さ70m、高さ9mの広いアーチ型空間で、日本では非常に稀な特色を持つ。青いパイプのある白い天井は船の上の空を表している。

（3）馬車道駅

　馬車道駅(2004)は横浜の歴史の中心に位置するが、駅周辺の歴史的建造物は、ファサードのみであり、多くは取り壊され移転した。設計を行った内藤廣のアイデアは、これらのなくなりつつある横浜の遺構を地下のスペースに保存しようとするものであった。馬車道駅のデザインコンセプトは以下に示すものである。

■「馬車道駅」のデザインコンセプト

・　馬車道駅はみなとみらい21地区という新しいものと、県庁を中心とする歴史地区という旧いものがぶつかる地点であり、これをデザインに生かす。駅を、地中に接する外殻とプラットホーム、コンコースを中心とした内殻の二つに分けることとした。イメージとして外殻に歴史性を託し、仕上げは、この土地の建物に今まで使われてきているレンガなど、過去の記憶をとどめる素材を用いる（図 4.3-2）（内藤廣　2004）。それに対し、内部造作は、使われ方に応じた、極めて機能的な素材と形態で構成する。この部分には最先端の技術を用い、街の未来を予想させる新しい素材とデザインを積極的に使っていくこととする。外殻と内殻との質的な違い、過去と未来の対比の仕方が、この駅の特徴となる。

・　地下空間における音の問題を、中心テーマの一つとして扱っていくこととする。吸音材、レンガなどの音響的な性能と、それがどういう形に意匠上あらわれてくるかを検討する。

・　大きなアーケードとドーム（図 4.3-3）は駅周辺の歴史的構造物や博物館の延長として捉え、開港以来の旧いものや旧い建物の一部を展示、移設する。

　馬車道駅を利用する際まず目に付くのが壁を覆うレンガであり、それは2002年に造られたレンガの歩道と調和させた入口から始まり、プラットホーム階まで続いている。そのため、この駅は「レンガ駅」と呼ばれることもある。壁に用いられている本物のレンガは、地球の重みに耐える構造をしているという印象を与えている。壁には、旧横浜銀行の金庫

扉や手すりなど横浜の歴史的建造物のパーツが埋め込まれ、それらが横浜の歴史の長さを感じさせる。特にすばらしいのは、かつて旧横浜銀行にあった中村順平による大きな壁面彫刻で、横浜開港の歴史が長さ40mにわたり駅の壁を覆っている。

　これら横浜の古い歴史を表現するものに対し、みなとみらい21地区に象徴される「現代と未来」を表現するため、天井と床には白色の材料が使われ、プラットホームには透明なアクリルの椅子が設置されて、レンガの壁やレンガ色の鉄柱と対照をなしている。また、彫刻家澄川喜一によるレリーフオブジェ「金波、銀波」というタイトルの現代美術作品が、コンコースの壁中央に飾られている。

図4.3-2　過去の記憶をとどめる素材の活用：　図4.3-3　馬車道駅の大きなアーケード
馬車道駅

（4）元町・中華街駅

　元町・中華街駅(2004)周辺は元町商店街、中華街、山下公園、港の見える丘公園、外人墓地など横浜の観光やショッピングの中心に位置する。この駅は伊藤豊雄がデザインした。

　プラットホームの対向壁、吹抜け部分の壁、コンコースの壁、天井などを白地の大型陶板を用いて「印画紙」に見立て、ここに写真製版の技術を用いて画像を焼き付けている。元町・中華街の年表と人物、風景、食生活の道具、ファッション、技術などの写真を時間軸上に表現し、元町、山手地区や山下公園、中華街等の時代の流れを再現している。また、現在の元町、山手、中華街の観光情報も伝えている。壁の写真は10cm×10cmの正方形タイルをつなぎ合わせた拡大写真である。アーチ型の天井やプラットホームの壁にある大きな写真は遠くから見たほうがわかりやすい。地下4階、プラットホーム中央のアーチ型の天井も高さ10.5mで写真に覆われている。そして、壁面内の広告もグラフィックの構成要素として取り扱っている。自然発色のアルミパイプで作られた天井は、中華街側コンコース～吹抜けアーチ～堀川下の各空間をリニアに連続させている。

■「元町・中華街駅」のデザインコンセプト
- デザインコンセプトとして、「わかりやすい駅」、「外部の様子が伝わってくる駅」、「おしゃれな駅」、「電車を待つ人が退屈しないおもしろい駅」、「老人や障がい者にも配慮の行き届いた駅」、「メンテナンスの容易な駅」の6つを挙げている。
- 駅のモチーフを「本」の駅として、駅空間を開港前後からの周辺地域の時代の流れを描いた一冊のグラフィカルな地理、歴史の書物であるとしている（図4.3-4）。

図 4.3-4　地理、歴史を壁面にデザイン：元町・中華街駅

４．４　結論

　ヨーロッパと同様に、日本でも「鉄道駅ルネッサンス」が鉄道会社によって行われており、JR 東日本はその先頭に立っている。JR 東日本の「ステーションルネッサンス」計画は既存駅の改良や新幹線新駅に反映されている。また、大がかりなものでは上野駅、品川駅、新宿駅、東京駅のような都内主要ターミナル駅のリニューアル、拡張がある。これらの事例は全体としては成功事例であるが、部分的にはまだ課題が残されている。例えば上野駅の場合、リニューアルにプラットホームと、天井が低くて不便な地下のコンコースは含まれていなかった。品川駅の場合は、新幹線駅は従来の駅デザインとあまり変わらない平凡なものである。

　地方自治体と協力しながら、コミュニティホール、役場、図書館、託児所、市民プラザ、地域の特産品販売所、歴史博物館などのコミュニティ施設を設置する例は多く、山形新幹線の駅デザインがその例である。駅舎は地方自治体、地域住民と協力してデザインされた質の高い建築となっており、その地域のランドマークになっている。

　鉄道会社以外の建築家がそのような計画に関わり、良いデザインとなった駅も多い。しかしながら、建築家とエンジニアの分業システムにより、プラットホームを含む駅舎へのトータルデザインを実現することは日本の建築家にとって非常に難しいという課題もある。

　東京メトロでもステーションルネッサンスを新線の建設や駅リニューアルを通して実行しており、南北線は建築家が参加してデザインされ、個々の駅は、従来の地下鉄駅に比べデザイン的に素晴らしいものである。しかし、パリメトロ 14 号線のような新しいヨーロッパの地下鉄路線にみられる路線全体を通した建築の統一感といったものがない。

　日本で最も成功を収め、ヨーロッパの駅と比較できるのは横浜のみなとみらい線の駅である。それらの駅は建築家が駅のデザインに関わることで、地下駅に関わらず広い空間を設け、地域のモチーフを駅デザインに反映させ、駅を地下鉄の出入口からプラットホームまで統一された空間として考える等、日本の地下鉄駅の新しいイメージを作り出した。しかしながら、このみなとみらい線においても、土木構造物のデザインがおおよそ定められた後という制約下でしか建築家が駅をデザイン出来なかったという課題も残された。

　日本の多くの駅が美観のあるデザインを達成し維持できるように、優れたデザインの鉄道を社会に広める必要がある。駅に関わる全ての団体に、鉄道駅は都市を形作る重要な公共施設であるということを理解させるために、駅の新設、改良に際しては多くの分野からの専門家と地域コミュニティが関わるべきである。

5 日本の鉄道駅の課題 －ヨーロッパの駅の好事例との比較－

駅舎の構成要素ごとのデザインと路線全体のデザインについて、ヨーロッパの駅における好事例との比較を通じて、日本の鉄道駅のデザインに対する課題を整理する。

5．1 鉄道駅における構成要素別のデザインの比較

鉄道駅のデザインの特徴的な構成要素を旅客の動線の順に整理すると、駅アクセスにおける「駅舎・出入口」、滞留・駅構内移動における「ホールとコンコース」、列車待ちにおける「プラットホーム」、そしていずれの場合でもアクセントになる「広告」になる。基本的に、日本とヨーロッパでは利用者数の規模が異なるので、それを踏まえて、構成要素ごとに特徴を整理する。

5．1．1　駅舎・出入口
（1）良いデザインのポイント

一般的に、日本の多くの駅舎は、利用者にとって実用本位の建築物として考えられてきた。その結果、駅舎の建築様式に個性がなく、またその質も高くなかった。その後、駅にはオフィスビル、ショッピングモールなどが併設され、より魅力的な駅空間にするために数多くの取り組みがなされ複合的な機能を持つ駅舎となるに至った。特に、1997年の京都駅（設計：原広司；図5.1.1-1）の再生以来、日本においていくつかの重要な駅舎がデザインされ新築、再生がなされた。良い駅舎・出入口のポイントは主に4点あり、①ランドマークとなること、②地域の独自性が表現されたオリジナルのデザインであること、③駅舎の出入口が大きく広い上に機能が分かりやすいこと、④駅前に十分な空間が確保されていることである。ただし、地上駅と地下駅では空間の制約が異なることから、以降では地上駅と地下駅について別々に比較を行う。

図5.1.1-1　複合機能を有する駅舎に再生された京都駅

（2）日本とヨーロッパの駅の特徴
①ランドマークとなること
　現在、日本ではいくつかの新幹線駅や都市内の主要駅で駅の再生がなされ、都市のランドマークとして注目されている。その一例として金沢駅を挙げる。
　2005年、北陸新幹線の延伸を見越した駅周辺整備事業によって、金沢駅東口の駅舎、出入口には巨大な総ガラス製ドーム「もてなしドーム」と木製の「鼓門」（図 5.1.1-2）が完成した。この駅舎は目立つため、街の中でわかりやすく、都市のランドマークとなる力強く独創的なデザインである。この門とドームは駅舎の一部であるが、2つの構造物が金沢のイメージを作り上げている。このような駅は都市のアイデンティティとなり、都市を象徴する存在となる。
　一方、同じく新幹線の駅として 2004 年に建設された鹿児島中央駅の駅舎は広く、一部、屋外広場を覆う大きな屋根を伴った独自の構造を有し、シンボリックである（図 5.1.1-3）。（なお、駅舎の大階段は 1996 年に完成した 3 代目駅舎とともに建設されたが、2012 年にはそれを撤去し、2014 年に駅ビル「アミュプラザ鹿児島プレミアム館」が開業した。）しかし、駅舎以上に、その隣の駅ビルに備えられた大観覧車の方が目立ってしまい、鹿児島市のランドマークが駅ではなく観覧車となってしまった。駅周辺に誘客施設を立地させ、鉄道駅の魅力を高めることは商業面では重要なことであるが、都市にとっては適当ではない。
　一方、ヨーロッパの幹線鉄道駅の中でもリヨン・サンテグジュベリ駅（図 3.3.3-3；第 3 章）やベルギーのリエージュ＝ギユマン駅（Gare de Liège-Guillemins；2009；図 5.1.1-4）はランドマークとして優れている。両駅は共にサンティアゴ・カラトラバの作品であり、特に後者は線路による地域分断の解消を目的とし、ファサードのない建物とした。同駅の巨大な天蓋は 5 つのプラットホームを覆う幅 160m、長さ 32m にもおよび、記念碑的なアーチを形成している。また、重要な都市のランドマークとして改修に成功した駅としてはロンドンのセントパンクラス駅が挙げられる（2007；図 5.1.1-5）。

図 5.1.1-2　都市のランドマークとなる力強く独創的なデザインである金沢駅の「鼓門」

図 5.1.1-3　独自の構造でシンボリックな鹿児島中央駅（3 代目駅舎）

図5.1.1-4　都市のランドマークとして優れるリエージュ＝ギユマン駅

図5.1.1-5　都市のランドマークとして改修に成功したセントパンクラス駅

②地域の独自性が表現されたオリジナルのデザインであること

　日本の駅舎の多くは、経済的に豊かでない戦後の時期に建設されている。そのため、多くの駅では、酒田駅（3代目駅舎、1960；図 5.1.1-6）、鶴岡駅、湯本駅のように、他の地域でも見られる標準化されたデザインに基づき建設され、駅舎としての魅力に乏しい。酒田駅の場合は、広告で覆われ、巨大な看板を掲げた標準的なシステム化された駅舎である。ただし、近年では日本でも地域の特徴を表現するように独自のコンセプトを有する駅が整備されている。例として、山形新幹線の駅（赤湯、新庄、さくらんぼ東根、大石田）、長野新幹線の駅（長野、上田）、秋田新幹線の駅（田沢湖）、在来線の駅（磐城塙、竜王）が挙げられる。

　一方、ヨーロッパでは、周辺の環境に調和させながら、分かりやすい駅の出入口や、内部構造を容易に理解しやすい独自のデザインを有する駅舎が多い。例えば、ドイツでデッサウ中央駅（Dessau Hauptbahnhof、更新 2010；図 5.1.1-7）では、新たに駅舎に設置されたネオゴシック調の透明な入口が歴史的な駅舎に良く調和し、地域の独自性を表現している。ただし、ヨーロッパでも個性の無い駅は存在する。例えば、ケルン中央駅（ドイツ）は世界遺産であるケルン大聖堂のごく近くに位置しており、ガラス製の屋根にはその大聖堂が反射しているが、駅舎に工夫はなく、大聖堂を見に来る多くの人々にとっては出入口が小さすぎる。

図 5.1.1-6 標準化された魅力に乏しい駅舎の酒田駅

図 5.1.1-7 歴史的な駅舎にネオゴシック調の出入り口が調和し、地域の独自性を表現したデッサウ中央駅

図 5.1.1-8 商業開発が進み駅舎が認識しにくい池袋駅

図 5.1.1-9 分かり易さを向上させる改良を行ったフライブルク中央駅

③駅舎の出入口が大きく広い上に機能が分かりやすいこと

ⅰ）地上駅

　駅出入口の分かりやすさは、日常的な通勤通学者には問題がなくても、その他の利用者には駅が旅の出発点となるため、特にターミナル駅において重要である。日本ではこの点について、駅舎の出入口が分かりにくい駅があり、例えば、東京中心部の中でも利用者数が多い池袋駅が挙げられる。同駅は、他の大規模ターミナル駅と同様に、改善に向けた開発のための十分な用地を確保できない状況にあるものの、出入口がデパートの中に埋没し、駅として認識することが難しく、鉄道路線（JR 東日本線、西武線、東武線）と地下鉄路線（丸ノ内線、有楽町線、副都心線）の改札口の場所も分かりにくい（例：池袋駅；図 5.1.1-8）。

　一方、ヨーロッパの都市における一般的な駅舎の例として、改良により出入口の分かり易さを向上させたフライブルク中央駅（Freiburg Hauptbahnhof）；図 5.1.1-9）を挙げる。同駅は戦後建て替えられ 2001 年には再開発が実施された。駅舎は大きく透明な入口を有し、視認性は高い。壁面のガラスが駅舎内部を明るくし、内部構造の分かりやすさも向上し、人の流れをスムーズにしている。ただし、この整備を可能とした背景には用地の確保が比較的容易であったことなどが挙げられ、物理的な制約条件は日本とは異なる。

ii) 地下駅

　地下駅の駅舎には 3 つのタイプがある。出入口が駅ビル内にあるもの、独自の駅舎を持つもの、道路上に出入口のみがあるものだが、出入口は、地上に見られる駅の唯一の要素である。従って、駅出入口は、わかりやすく、駅名や鉄道会社のロゴを目に付きやすくするべきである。東京には東京都交通局と東京メトロの 2 社が存在するが、地下鉄のロゴはそれぞれ目立つように示されている。ただし、地下鉄駅の出入口が民間ビルに合築されていたり、複数の鉄道会社が乗り入れたりしている駅では、ロゴが分かりにくい場合もある。

　一般的に、日本の過密な市街地では、駅舎を建設するための用地がなく、また、地下鉄のための駅舎を建築するという文化もない。このような中、大野秀俊がデザインした本郷三丁目の駅舎、駅入口は好事例としてあげられる（図5.1.1-10）。かつては本郷三丁目駅の出入口は建物の中にあり、気がつきにくかった。しかし、地下鉄駅入口のための用地を確保し、大江戸線の建設期間中の 2000 年、新改札口が改築・整備された。本郷三丁目駅は、「未来へはばたく羽根」をイメージした膜屋根により、自然光を取り入れた質の高い開放的な空間を創り出し、「魅力ある駅」として多くの利用者に親しまれるように配慮されている。この駅舎の出入口はとても現代的であり駅の存在が分かりやすい。但し、現在でも駅舎が大通りには面していないので、分かりにくい面もある。

　その他、日本には建物内にある駅出入口の好例として都営大江戸線の飯田橋駅(2000)がある（図5.1.1-11）。駅入口は渡辺誠により設計され、ウェブフレーム（コンピュータープログラムにより自動生成された構造体を有する照明器具）を配し、一貫性のある駅デザインとなった。また、ラファエル・ヴィニオリにより設計された東京メトロ有楽町駅の出入口（図 5.1.1-12）では、隣接する東京国際フォーラム（ガラスを多用した建築）に合わせて、構造にはガラスを使用する。幅5.2ｍ、駅出入口から10m 以上持ち上がった印象的な片持ち梁のガラスの天蓋は、隣接する東京国際フォーラムの建物と調和するようにデザインされており、そのデザインは都市景観により調和し、人の注意を引くものになってきた（例：明治神宮前駅出入口；2008；図5.1.1-13）。

　一方、ヨーロッパの地下鉄駅の場合も日本と同様、歴史のある地下鉄出入口にも鉄道会社のロゴが提示されている。例えば、アール・デコ様式のパリメトロの地下駅の出入口ではロゴを含めて、全体的なデザインがなされている。同様に、ロンドン地下鉄でも鉄道事業者のロゴが駅出入口に表示されている。

　また、ビブリオテーク・フランソワ・ミッテラン図書館駅（Gare de la Bibliothèque François-Mitterrand）（フランス）の出入口のように現代的な建物の一部となっている例もある（1998；図5.1.1-14）。この駅はフランス国立図書館の近くにある。この図書館はフランソワ・ミッテラン仏大統領が 1981 年から 1995 年の在任中に実施した事業の一つである。1998 年、アントワーヌ・グランバック（Antoine Grumbach）設計により図書館が完成したのに合わせ、新しい地下鉄駅が建設された。ビブリオテーク・フランソワ・ミッテラン図書館駅の駅入口はとても分かりやすく、見栄えがよい。その上、その白色の建物は周りのガ

ラス構造の建築物の中でも目立つ。なお、建物を持たない地下鉄出入口について、美的ではっきりと認識されるようにデザインするのが最近の傾向である。(例：カナリー・ワーフ駅出入口 1999、設計：ノーマン・フォスター卿（図 5.1.1-15）).

図 5.1.1-10　膜屋根による自然光を取り入れた高質で開放的な空間を持つ本郷三丁目駅

図 5.1.1-11　建物内にある出入り口の好事例である飯田橋駅

図 5.1.1-12　隣接する東京国際フォーラムのデザインに合せた地下鉄有楽町駅出入口

図 5.1.1-13　都市景観に調和する明治神宮前駅出入口

図 5.1.1-14　現代的な建物の一部となるビブリオテーク・フランソワ・ミッテラン駅

図 5.1.1-15　はっきりと認識されるようにデザインされたカナリー・ワーフ駅出入口

④駅前に十分な空間が確保されていること

　日本の駅には東京駅や田園調布駅などに見られるように、かつての都市計画の一部として駅前広場を設置し、地域を象徴するような個性的なデザインの駅舎とするケースがある。また、現代でも駅前広場などは都市計画に位置付けがなされ、丸亀駅のように機能性やゆとりだけでなく、芸術的な側面を持つように計画、設計されているケースもある(1992；設計：ピーターウォーカー（図 5.1.1-16））。ただし、駅周辺に空間が確保できない駅の方が多いのが実情である。

　一方、ヨーロッパの駅は、歴史的に都市の中心部に位置している。そこは周辺の芸術的な建物のレイアウトや道路によって特徴づけられる場所であり、それはさらに、駅舎の前に設置される駅前広場によっても強調される。例えば、パリのサンラザール駅が好事例である(更新 2013；図 5.1.1-17)。

図 5.1.1-16　機能性やゆとりだけでなく芸術性を高めて設計された丸亀駅の広場

図 5.1.1-17　駅前広場が駅舎を強調するサンラザール駅

５．１．２　駅ホールとコンコース
（１）良いデザインのポイント

　駅の機能の中で駅ホールやコンコースに求められるのは、通勤通学などの日常流動や旅行のための非日常の流動など、交錯する複数の動線を混乱なく円滑に誘導する、ということである。これらの駅ホールやコンコースの空間を改善するためのポイントは 5 点ある。すなわち、①空間が広くかつ高い天井を有し開放感があること、②旅客が自然に誘導されるデザインであること、③歩行者空間の確保が商業施設より優先されていること、④パブリックアートが存在すること、⑤ユニバーサルデザインにより移動しやすい空間を有することである。

（２）日本とヨーロッパの駅の特徴
①空間が広くかつ高い天井を有し開放感があること

　日本の都心部の地下鉄駅などでは、建設費を削減するために余剰空間を極力減らす努力をした結果、多くの駅では天井が低く通路が狭くなる傾向がある。もちろん、近年整備されている地下駅は駅ホール、コンコース、プラットホームなどの空間が確保される傾向はあるものの、複合構造物であれば関係者の調整が複雑である上、改良事業を実施したとしても工期は長期となり、利用者の利便性の低下につながる。さらに、地上駅は欧米の鉄道駅に比べて圧倒的に旅客が多く駅の改良は困難となる。しかしながら、こうしたマイナス要素を克服し、日本でもいくつかの駅においてコンコースが改良されている。例えば、ＪＲ東京駅では丸の内側に広々としたコンコースを確保し、照明の明暗や美的なデザインの導入により建物内における閉塞感を和らげている（図 5.1.2-1）。また、ＪＲ上野駅でも駅改良により構内の高さが十分に確保されている。しかし、高密度に建物が立地する日本の都市の中心部で駅の空間を確保することは、一般的に様々な制約を受ける。

　これに対してヨーロッパでは日本に比べて、駅ホールとコンコースは比較的広く、大きく、そして高い天井を有する。これはロンドンのセントパンクラス駅（再整備 2007；図 5.1.2-2）。のように歴史的な駅でもベルギーのリエージュ＝ギユマン駅のように新しい駅でも同様の傾向である。また、ヨーロッパの地下鉄新駅では駅ホールはロンドンのカナリー・ワーフ駅のような表現力のある駅の出入口を有し、駅構内の天井はとても高く設計されていることが多い。

図 5.1.2-1　照明の明暗やデザインにより閉塞感を和らげた東京駅のコンコース

図 5.1.2-2　高天井など広い空間を有するセントパンクラス駅

②旅客が自然に誘導されるデザインであること

　駅ホール、コンコース、プラットホームは旅客流動が安全かつ円滑に行われるように十分なスペースを確保する必要があり、特に利用者数が多い日本の駅では重要である。また、旅客流動の円滑化を図るためには案内表示を充実させることも必要と考えられるが、多様

な国からの訪日外国人や、鉄道の利用経験に乏しい地方からの旅客が多い都市のターミナル駅では、駅構内の構造を極力単純化し、利用者が足を止めることなく移動し続けられる取り組みが重要である。

都市の大規模な駅（例えば池袋、新宿など）では、増加する旅客に対応した駅舎改良、フロア増設、他の鉄道路線への連絡通路の確保等を繰り返した結果、駅構造が複雑で分かりにくく、旅客の構内移動速度が低下し、駅構内の混雑が生じ易くなる面もある。これらの事業は空間的にも費用的にも制約が多いため容易ではないが、ガラス系統の透明な素材を用いる設計・構造とすることで、見通しを向上させ、混乱を緩和することは可能である。例えば、東北新幹線の八戸駅のように、駅ホールやコンコースの空間が確保され分かり易いうえ、旅客が駅ホールの下に位置するプラットホームを確認することができるため、案内表示がなくても乗り場に向かってスムーズな移動を可能とする駅もある。

一方、ヨーロッパでは新駅や改装された歴史的な駅ではすでに駅ホールやコンコースを通過する旅客の流れが改善されており、ブリュッセルミディ駅では、待ち合わせ空間は主要な旅客動線から外されて設置され、ガラスの壁で隔てられている。リヨンにおける TGV 駅であるリヨン・サンテグジュベリ駅でも、駅ホールは大きく、コンコースと同様のデザインを取り入れたプラットホームに導いてくれるので、とても分かり易い。また、他にも改装中であったり、新たに分かり易いプラットホームを併設中であったりする駅があり、駅構内の相互流動を円滑化している（例：キングスクロス駅、ストラスブール駅）。

③歩行者空間の確保が商業施設より優先されていること

日本では駅ホール、コンコース、プラットホームにも自動販売機や店舗が配置され、鉄道旅客が必要とする商品の購入を容易にしている。また、鉄道利用者を囲い込むことにより「エキナカ」等の商業ビジネスが活況を呈しており、鉄道事業以外でも収益を増加させている。一方、旅客が多い駅構内にも関わらず、動線となる通路等に狭窄部があったり障害物（小売店、広告など）が設置されたりしている場合があり、商業施設の人だまりが通路の通行を阻害してしまう事例もある（例：池袋駅；図 5.1.2-3）。ただし、駅構内に商業施設を設置するということは、旅客にとっては必要なものが手に入り易く、駅の賑わいが醸成されるという面では評価できる。

一方、ヨーロッパでは小売店、キヨスク、カフェ、巨大な駅で見られるショッピングモールなどの商業的な施設は旅客動線との分離が図られていることが多く、例えば、ビクトリア駅（イギリス；（図 5.1.2-4））では駅ホールの端、ベネチア駅（イタリア）では駅のホールとは異なるフロア、リバプール通り駅（イギリス）では中2階、最近新しく建設されたライプチヒ中央駅（ドイツ）では3層の地下へ配置されている。

図 5.1.2-3　商業施設の人溜りが通行を阻害する池袋駅

図 5.1.2-4　商業施設が旅客動線と分離されたビクトリア駅

④パブリックアートが存在すること

　近年、日本の鉄道駅では数多くの装飾が導入されており、地上駅における乗換連絡通路において壁面アート（例えば、渋谷駅における JR と京王線の乗換コンコース）を導入したり、地下駅でも改札口の前に壁面アート（例えば、東京メトロ半蔵門線の錦糸町駅）を施したりするなど、壁面彫刻、歴史的な芸術作品の設置、地域性を反映したアートの配置等のパブリックアートの導入が進んでいる（第 4 章）。展示アートは芸術作品として特定の芸術家のコンセプトを伝えることもできる（例：新宿三丁目駅（2008；副都心線）

　「Hop, step, hop, step」；アーティスト：山本容子；図 5.1.2-5）。これは、外壁に落書きが無く駅舎が十分に管理されていることにも因っている。しかし、案内表示や広告情報が混在したり、広告が装飾を隠したりしている事例もあり、パブリックアートの適切な配置が求められている。

　2009 年に誕生した、東京メトロ副都心線池袋駅構内にある壁面ギャラリー「Echika 池袋ギャラリー」は、豊島区の文化・芸術の最新の動向を発信する拠点として、月ごとに多彩な企画で芸術作品や写真パネルを展示している。

　ヨーロッパにおいては、例えばパリメトロの再生事業において「都市の文化」の中に駅を位置付け、その一環として駅構内へのパブリックアートの導入もなされ、駅の文化的価値を高め、ブランドイメージが醸成された。他の事例として、アーティストであるマーティン・フェングェラ（Martin Fengler）の花をモチーフとした作品が、新鮮で明るい雰囲気のミュンヘン・モーザ駅（Bahnhof München-Moosach、2010）がある（図 5.1.2-6）。

図5.1.2-5 新宿三丁目駅（副都心線）の展示アートは芸術作品として設置される

図5.1.2-6 花をモチーフとした作品が新鮮で明るい雰囲気を醸成するミュンヘン・モーザ駅

⑤ユニバーサルデザインにより移動しやすい空間を有すること

　2011年3月の国の法律改正により、日本では2020年度までに1日当たりの平均的な利用者数が3,000人以上の全ての駅について、原則として100%のバリアフリー化を実施する等の目標を掲げ、対象となる駅は順次エスカレータやエレベータが設置され、誰でも容易に利用可能となってきている。また、各鉄道会社は情報案内を統一し、その中の数社（例えばJR東日本、東京メトロ）は情報案内の色やデザインの改善に加えて、複数の言語による外国人旅客への配慮を行い、ユニバーサルデザイン化を実践している。しかし、エスカレータやエレベータを利用するために大きく迂回を強いられたり、駅舎から街中に出るまでに段差があったり、他の交通機関や鉄道事業者間の乗り換え経路にはバリアフリー施設が整備されていないこともあるなど、責任関係があいまいになりがちな境界部分での調整が十分でなく、移動全体でのバリアフリーは始まったばかりである。

　他方、ヨーロッパでもエスカレータやエレベータが設置されているが、バリアフリー施設の整備は日本に比べて僅かである。しかし、新駅ではエレベータは最新式の設計がなされ、化粧版やカラーガラスにより作られている。ヨーロッパの駅におけるエレベータは、便利で分かりやすいというだけでなく、駅の美的で心地よい要素として位置付けられている（例：ドックランズライトレールのヘロンキーズ駅（イギリス）等）。

5．1．3　プラットホーム
（1）良いデザインのポイント

駅舎にとってのプラットホームは、列車の限られた停車時間内に安全かつ迅速に多数の旅客の乗降を行うため、列車の着発線に沿って設ける設備である。そのため、プラットホームには列車の発着時刻や乗車する旅客への列車種別等の案内情報、降車した旅客への駅出口や駅外部の地理などに関する案内情報などが整備される必要がある。プラットホームを改善するには、①広さを確保し高い天井を有する上屋であること、②旅客が移動する方向が容易に把握できること、③明るく清潔感があり色彩に溢れ、閉塞感が和らぐようにデザインすること、④旅客流動を阻害しないプラットホーム上の施設配置とすることの主に4つのポイントが挙げられる。

（2）日本とヨーロッパの駅の特徴
①広さを確保し高い天井を有する上屋であること

日本の地下鉄駅のプラットホームは、新たに整備されている駅を除くとかなり狭く、空間が制約される。その上、プラットホーム上ではキオスク、自動販売機などが空間を占めスペースをより狭くしているケースが多い(図5.1.3-1)。但し、最近の傾向として駅舎はより広々としたものに、プラットホームは駅舎と統一感をもつデザインとするようになってきている（例：日向市駅(2008)、宮崎県　設計：内藤廣；図5.1.3-2）。

ヨーロッパでも歴史のある地下鉄駅のプラットホームは狭くて屋根は低い(図 5.1.3-3)。但し、幹線鉄道では開放的な駅もあり、好事例はフランスのTGVのリヨン・サンテグジュペリ駅である。旅客流動に対して十分な広さと高い天井を有し、プラットホームから駅コンコースが見渡せる設計である。そのため、目的の出入口やそこに至る為の階段やエスカレータ等を容易に見つけることができる。加えて、このような駅の構造により、プラットホーム内に日の光があふれ、出発、到着する旅客に美しい景観を提供している(図5.1.3-4)。さらに、情報案内板、駅設備などプラットホーム上の施設配置や色調などは、すべて包括的なコンセプトによりデザインされている。

図 5.1.3-1　僅かなプラットホーム空間を狭める売店（虎ノ門駅）

図 5.1.3-2　プラットホームと駅舎を一体的に設計し広々とした日向市駅

図 5.1.3-3　プラットホームが狭く天井の低いオテル・ド・ヴィル駅

図 5.1.3-4　高天井と旅客流動に対応した広さを有するリヨン・サンテグジュペリ駅

②旅客が移動する方向が容易に把握できること

　高知駅は全てのプラットホームが駅ホールと同じ屋根の下に位置しており、プラットホーム上から駅全体の位置関係を把握しやすい構造になっている。同様にして、八戸駅でもプラットホームからコンコースが見通せる構造となっている。しかし、新たに整備された九州新幹線の新鳥栖駅（2011）や新水俣駅（2011；設計：渡辺誠）は高架駅となりプラットホームはとても分かり易くなったものの、駅ホールからプラットホームの位置を把握することが出来ない。多くの新駅では、駅ホールからプラットホームが見通せず、わずかにプラットホームに続くエスカレータが見えるだけである。但し、北陸新幹線の上越妙高駅のようにプラットホームから見通せる駅もある（2015；図 5.1.3-5）。

　一方、ヨーロッパの駅は日本に比べると利用者が少ないものの、一般的に大きな空間を確保しており、近年設計された駅は、概ねプラットホームから駅全体を見渡すことができる。例えばベルリン中央駅（2006；図 5.1.3-6）では、上層階に幹線高速鉄道の ICE があることを視覚的に確認できる。また、リエージュ＝ギユマン駅（2009）は一つの屋根の下に全てのプラットホームと駅ホールが位置しているが、構造が鉄とガラスで構成されているので分かりやすく、見通しが利く上に、安全かつより快適な駅となっている。

図 5.1.3-5 プラットホームからコンコースが見通せる上越妙高駅

図 5.1.3-6 プラットホームの位置関係を視認できるベルリン中央駅

図 5.1.3-7 エスカレータの手すりや換気パイプ等の色で空間に温かみをもたらすみなとみらい駅

図 5.1.3-8 光と影で芸術的な照明を創り出したフランクリン・ルーズベルト駅

③明るく清潔感があり色彩に溢れ、閉塞感が和らぐようにデザインすること

　景観上の美しさや閉塞感の緩和という視点から、想定される旅客流動の規模に対して空間をより幅広く確保する必要がある。また、明るく清潔感があり、色彩に溢れ閉塞感が和らぐようデザインする必要がある。しかし、日本の駅では、そうなっていない駅舎が多い。また、明るい駅は空間を広く見せるが、一方でいくつかの色は白や明るい色彩によって効果が打ち消されるという課題がある。これに対してみなとみらい線の駅（図 5.1.3-7）では、エレベータドア、換気パイプ、エスカレータの手すりの色で空間の温かみをもたせる工夫をしている。

　一方、ヨーロッパでも駅の一部に明るさを取り込むことができた駅では、光と影が芸術的な照明を作り出し小さな空間を興味深いものとしている。例えばパリメトロのフランクリン・ルーズベルト駅（Franklin D. Roosevelt）などが挙げられる（更新 2008；図 5.1.3-8）。

④旅客流動を阻害しないようなプラットホーム上の施設配置とすること

　日本の古い地下鉄の駅（例：銀座駅、図5.1.3-9）では、利用者に対してプラットホームの広さや天井の高さが十分でないケースが多い。それにも関わらず、プラットホーム上に必要な案内表示、列車待ちのためのベンチなどの他に、自動販売機や売店などが設置され、旅客流動の妨げとなっている。プラットホーム上での販売は利用者にとっての利便性が高く、事業者にとっても貴重な収益源ではあるが、施設配置は再検討の余地がある。また、大都市の混雑した駅のプラットホーム上では、ベンチが列車を待つ旅客の妨げになったり、設置個所が少なかったりする所もある（例：西武池袋線の池袋駅）。

　ヨーロッパの駅でも、古い地下鉄線では日本と同様に空間的に狭隘な駅が多いが、旅客流動が日本ほど多くないこともあり、たいていの駅には旅客の待ち時間の快適性向上のためにベンチが設置され、旅客流動を妨げるような売店や自動販売機は設置されていない（例えばパリメトロの東駅（Gare de l'Est）；図5.1.3-10）。

図5.1.3-9　狭小な空間に売店が設置されている銀座駅（銀座線）　　図5.1.3-10　旅客流動を妨げるものがない東駅（パリ）のプラットホーム

5．1．4　広告・案内表示
（1）良い広告のポイント

　日本では鉄道駅での広告は重要な収入源である。たとえばJR東日本の場合、鉄道事業の年間売り上げ約1.8兆円（2013年3月期決算）に対し、その広告を取り扱うJR東日本企画(株)の売り上げが約1,000億円程度で、雑把な見方をすると広告は運賃収入の約5.5%に相当する。また、広告の掲載場所、掲載期間、掲載路線などにより掲載料金体系はきめ細かく設定され、鉄道会社にとってはプライシングを戦略的に行うべき事業分野であることが窺える。ただし、広告媒体の内容等は鉄道会社の独自判断に基づき、公衆広告として相応しい広告のみを掲載可能とすることで、景観への配慮を実施しているが、景観の観点から規制されていた鉄道車両への広告が、行政や事業者等からの提案により2002年以降解禁されるなど、掲出場所についてはむしろ緩和している。

　一方、フランスの場合を見てみると、RATPの総収入が年間約42億ユーロに対して、広告収入は約1億ユーロ（約2.4%）であり、日本よりも広告収入の比重が低いものの、同じ

く貴重な収入源となっている。ただし、駅構内へのポスターや掲示板の見栄え等の品質の管理と規制は行われており、例えば、パリでは屋外の広告の30%減少、記念碑の近くでの広告は離隔を大きくとるという制限、3m×4m以上の巨大広告の禁止などが挙げられる。

このように日本とヨーロッパでは広告に対する意識に違いが見られる。広告を改善するには主に4つのポイントがあり、①包括的なデザインコードを有すること、②周囲の景観を損ねないこと、③広告自体がインテリアデザイン化されていること、④広告と案内表示が分離されていることである。

（2）日本とヨーロッパの駅の特徴
①包括的なデザインコードを有すること

独立採算性を前提とする日本の鉄道事業では広告も重要な収益源であり、経営的視点のみで考えれば、駅構内において広告需要があるならばどこへでも掲出できることが望ましい。事実、都心部の駅では内壁、外壁、柱、床、階段など至る所に広告が設置され、その範囲は車両の内外にもおよぶ。日本の地下鉄駅では近年徐々にプラットホームの広告や案内表示が改良されており、東京メトロは2004年に新たなデザインコードを導入し、地下鉄のプラットホームは新たなデザインの考え方に沿って、案内表示や色を改良している。しかし、地下鉄駅に限らず日本の多くの駅では空間が狭いわりに壁面に様々な案内標識、表示板、ポスター、注意書き等が混在し、個々の情報が特徴を発揮できずに埋没している。その上、広告に統一感がなく駅も広告もお互いの価値を下げている。また、広告の配置もまちまちで、調和が考慮されていない駅もある(図5.1.4-1)。

一方、ヨーロッパではパリメトロやロンドン地下鉄など、広告や案内表示等の調和がはかられ、壁面のデザインに十分な配慮がなされている（例：パリメトロのセブル・バビロン駅の3m×4mに統一された広告パネル；図5.1.4-2）。

図5.1.4-1　案内情報と広告の混在など配置に統一感がない日比谷駅（日比谷線）

図5.1.4-2　広告サイズが統一されたセブル・バビロン駅

②周囲の景観を損ねないこと

　広告のデザインは駅周辺の地域性と関連付けることによって、より優れたものとなる。それらは常に全ての場所で実現可能なものではないが、特色のある駅では取り組むべきである。日本の場合、例えば東京メトロ六本木駅では近隣の美術館の広告を掲出したり、JR恵比寿駅では近隣の酒造メーカーを連想させる「ビール」のジョッキをあしらった装飾風の広告が設置されていたりして、広告によって駅周辺の地域性を巧みに表現している（図5.1.4-3）。また、地方でもJR岡山駅やJR倉敷駅のような地上駅の場合、部分的に地域性を表現する伝統的モチーフを使用することによって実現している駅もある。

　ヨーロッパの場合、ロンドン地下鉄のホルボーン駅は近隣の大英博物館のポスター広告を展示している。また、パリメトロのオテル・ド・ヴィル駅（Hôtel de Ville）のディスプレイは、地下鉄の歴史や周囲のシャトレ・レアルの開発計画についての広告を掲出することで地域性を反映している（図5.1.4-4）。

図 5.1.4-3　近隣の酒造メーカーを連想させるビールジョッキをあしらった装飾広告がある恵比寿駅

図 5.1.4-4　地下鉄の歴史や周辺開発の計画に関する広告で地域性を表現するオテル・ド・ヴィル駅

図 5.1.4-5　統一感のない広告の色調、サイズや案内情報が混在する後楽園駅（丸ノ内線）

図 5.1.4-6　デザイン化された案内表示のある渋谷駅（副都心線）

③広告自体がインテリアデザイン化されていること

　日本のプラットホームでは駅員がいることが多く、目的とする場所への行き方などの情

報は得やすい。しかし、それ以外の場合、多くの情報が一度に視界に入り、重要な情報を判断するのが難しいことがある。例えば、広告ポスター等の壁面への直接掲出、統一感のない広告の色調やサイズ、案内表示との混在があり、広告や案内表示の役割が十分果たされていないこともある（図 5.1.4-5）。

　ただ、最近では、日本の鉄道会社も一貫性のある案内表示のブランドデザインを有しており、例えばJR 東日本や東京メトロは、大きさ、色調、仕上げを含むデザインによって他の情報との差別化を図っており、それらが統一的に実施された東京メトロ副都心線の渋谷駅は華やかであり、かつ美的でもある（図 5.1.4-6）。また、広報用の機器を設置したデジタルサイネージ（例えば東京駅、新宿駅、池袋駅等）により広告媒体の大きさや形状などを統一することにより、一種のインテリアとして扱うケースも増加している（図 5.1.4-7）。

　一方、ヨーロッパのターミナル駅は、日本に比べて旅客流動は少ないものの、多様な言語を母国語とする様々な国の旅行者の割合が日本より高く、かつ駅員が少ないことから駅構内において情報はほとんど得られない。しかし、利用者が迷うことなく移動出来ることを主眼に空間をデザインしたり、運行事業者毎に特色ある理路整然と集約された情報案内が表示されたりしている。この事例としては、ベルリン中央駅（ドイツ）、ビクトリア駅（イギリス）、サンラザール駅（フランス）のような再開発された古い駅ビルや、最近近代的に改装されたブリュッセルミディ駅（ベルギー）等が挙げられる。また、事業者の取り組みの一例として、ドイツの DBAG における情報案内のためのブランドデザイン（図 5.1.4-8）がある。以前は、様々な製品を使用しているため一貫性が無かったが、今では鉄道全体について調和がとれたデザインを行い、信頼性のある鉄道ブランドに変化しつつある。

　さらに、ヨーロッパでは案内表示だけでなく広告も含めて駅のデザインの一部になっていることが多い。例えばパリメトロやロンドン地下鉄のように一定のテーマ性を持たせて配置し、デザイン性を向上させて広告に興味を引くことで駅の美しさを引き立たせる要素となっている。また、テルミニ駅（イタリア）のコンコースにおける広告なども好事例として挙げられる。

④広告と案内表示が分離されていること

　日本の駅の案内表示はいたる所にあり、都心の駅では近年、日本語以外にも英語、中国語、韓国語などの表記を行ったり、駅のナンバリングなどを通じて様々な状況に対する旅客案内情報の充実を図ったりし、かつ、それらが駅構内で容易に識別できるように改善を行っている。例えば、品川駅などでは広告が駅のインテリアデザインの一部となるなど、通常は面白みのない場所に広告を活用することも重要である（図5.1.4-9）。

　しかし、広告と案内表示の掲出方法に統一感がない駅が多く、駅の広告が案内表示と混在していたり、それらの区別がよく考えられていなかったりして、本当に重要な情報が分かりにくい（図 5.1.4-10）。時には広告は高い位置にも設置される。例をあげると隈研吾が立面設計した改装された渋谷駅のファサード(2003)がある。空に浮かぶ雲のような模様

が白とグレーでプリントされたガラスのレイヤーが、新鮮なイメージを与えるのに、常に広告パネルで覆われている。

　一方、ヨーロッパでは、一般的に広告と案内表示が分離されている。例えばロンドンのカナリーワーフ駅の広告は内装の一部を構成する要素となっている。また、パリメトロのプラットホームに位置する広告板は大胆なデザインであり見栄えがするが、その広告板そのものもデザインの一部となっており、この広告板はフレームで区分されサイズは標準化されている。

図 5.1.4-7　デジタルサイネージにより広告サイズの統一化を図った東京駅　　図 5.1.4-8　情報案内のブランドデザインが施されたベルリン中央駅

図 5.1.4-9　駅のインテリアデザインとなったJR品川駅の広告　　図 5.1.4-10　広告と案内表示の統一感が無く重要な情報が分かりにくいJR青森駅

5．2　路線全体のデザインの比較

　鉄道駅は、個々の駅ごとにデザインを考えていくだけではなく、路線全体のデザインのなかで、その駅のデザインをどう考えていくかという視点も重要である。

　ここでは、建設された時期（1990年代）や立地条件（大都市部）などの点で共通点を有する、東京の都営地下鉄大江戸線（2000）とロンドンの地下鉄ジュビリーラインの延伸線（Jubilee Line Extension 以下、JLE）（1999）の比較から、日本とヨーロッパにおける路線全体のデザインについて考察する。

５．２．１　路線全体のデザインコンセプト

（１）大江戸線

　大江戸線は「駅デザイン審査会」（座長：芦原義信）を設置した上で公募プロポーザル方式を採用してデザインを検討した。しかし、プロポーザルを実施した時点ではプラットホームやコンコース等の駅空間の土木構造はすでに決定されており、その制約条件下でしか、新たな提案の可能性はなかった。そのため、プロポーザルも、一次選考における駅のデザインの評価は地下鉄駅のデザイン案そのものの選考ではなく、その案を考えた建築家を選定したところが特徴的であり、結果的に渡辺誠、大野秀敏、横河健、青島裕之、守屋弓男、真鍋勝利、前田雅之、藤井稔、石原久三郎、保坂陽一郎等の 15 の建築設計事務所が選定された。駅建築の基本設計は駅デザイン審査会において委員、設計者、鉄道会社の 3 者が意見交換してデザインの基本理念を定め、設計上の諸問題を解決しながらデザインの調整を行う方法が取られた。

　大江戸線における駅デザインに関する理念は以下の 5 点である。

■駅デザインに関する理念

- ・　駅の所在する地域と関連する個性を持ち、駅周辺の街並み等に考慮
- ・　駅空間に創造性があり公共施設としての落ち着きと風格がある
- ・　21 世紀に相応しい先進性と文化性を感じさせる
- ・　駅利用者に親しみを感じさせる生活感がある
- ・　駅利用者に快適さ、ゆとり、活気を感じさせる

　都営地下鉄では駅のデザインが標準化され、乗降機能ばかりが重視されていたため、各駅の個性は見られず、デザインによる快適性があまり考慮されてこなかった。こうしたことに教訓を得て、大江戸線では路線全体のデザインを意識した取り組みが行われた。

　大江戸線の路線全体のデザインにおける 1 つ目の特徴は、色彩であり、麻布十番駅の駅カラーが赤であるように、それぞれの駅に「ステーションカラー」が設定されている。駅ごとの特徴的な色使いをしたプラットホームや柱などの調和により、建築的表現が行われている。例としては、飯田橋駅の緑の柱と茶色の壁、牛込柳町駅のすみれ色の柱と白色のパネル、東新宿駅の黄色の柱と白い壁、青山一丁目駅の淡い緑の柱と壁、六本木駅の黄色の壁と黒の柱等である。

　2 つ目の特徴は、外観、備品、コンコース壁面等におけるパブリックアートの導入による芸術性の向上である。都庁前駅、新宿西口駅（「Crystal Stream-青の壁」）、東新宿駅（「Tomorrow For You-あすをあなたに」）、牛込柳町駅（「柳町グラフティ」）、牛込神楽坂駅（「Sand Play 005」）、飯田橋駅（「風の手触り…点展てん」）、春日駅（「Sizzling Lives」）、新御徒町駅（「The Metamorphosis of Edo-江戸の町の変形・変化・変質」）、両国駅（「土俵ぎ

わ-Around The Dohyo」、「King of Sumo」)、清澄白河駅(「Technoetic Trees／テクノエティック・ツリー」)、勝どき駅(「海-Living Sea」)などがあり、牛込神楽坂駅、飯田橋駅、両国駅、清澄白河駅などいくつかの駅は「グッドデザイン賞」を受賞した。

(2) ジュビリーライン延伸線 (Jubilee Line Extension: JLE)

JLE の目的は、ロンドンの公共交通システムに大きな改善をもたらすことであった。16km の区間に 11 の駅が設置されたが、うち 8 駅は他の地下鉄との乗換駅であった。6 つの駅が新設され、5 つの駅が改良された。

JLE のデザインは、香港地下鉄の影響を受けている。JLE では、有名な建築家に駅デザインプロジェクトへの参加を要請し、ローランド・パオレッティ (Roland Paoletti) が主任建築家として任命された。パオレッティは 1930 年代のロンドン地下鉄をデザインしたチャールズ・ホルデン (Charles Holden) 以来、久しく見られなかったオリジナルデザインの重要性を唱え、トータルデザインを決めることとし、各駅のデザイナーは事前審査とコンペを行って選定した。その結果、パオレッティは、構造を良く理解し、予算のなかで大きな建築的効果をあげることのできる建築家の選定に成功した。マイケル・ホプキンス卿 (Sir Michael Hopkins) がデザインしたウエストミンスター駅 (Westminster)、ノーマン・フォスター卿 (Sir Norman Foster) がデザインしたカナリー・ワーフ駅 (Canary Wharf) など、全 11 駅のうち 9 駅が有名な現代建築家によりデザインされた。彼らは、パオレッティが示したデザインの方向性に沿いながらも、構造に関する先入観に挑戦する自由を与えられた。

パオレッティはトータルデザインの概念から、路線全体で統一的なコンセプトを取り入れることとした。例えば多くの駅では可能な限りたくさんの自然光を入れるデザインが採用され、バーモンセイ駅 (Bermondsey)、カナリー・ウォーター駅 (Canary Water)、サザーク駅 (Southwark) では円形の天井や梁によってプラットホームやその近傍まで自然光が届くようになっている。また、駅の仕様は、テラゾーの床仕上げ、エスカレータ、ガラス製のホームドア、表示設備、駅備品などを統一的にしており、特にグレーのコンクリートとシルバーのメタルからなる広々とした空間は最も注目に値する。グレー以外では、ロンドン地下鉄のロゴに用いられる青と赤が駅の色に使われた。その他、コンクリートの質感を変えるような雰囲気を作り出すために、劇場仕様の照明が使われ、エスカレータは、開口部を広くとり開放的になるように、少なくとも 3 機セットで設置することとなった。さらに、共通して考慮された点としては、通路の進行方向が直感的に理解しやすくなるようデザインを工夫すること、個々の駅の地域性が表現されるよう配慮することなどがあげられる。

このように、基本的には駅ごとに個々の建築家による特徴的で独自性のあるデザインが施されながらも、路線全体にわたるデザインコンセプトが根底を成すため、モダンなスタイル、ハイテク、広々とした地下スペース、プラットホーム、駅出入口との円滑な移動の提供などの共通点を持ち、同質の機能を発揮している。

5．2．2　駅舎・出入口
（1）独立した駅舎

JLE のカナリー・ワーフ駅の出入口は、自然の採光を目的としてガラス素材を用いており、夜間でも明るく照らし出され印象的である(設計：ノーマン・フォスター卿；図 5.2.2-1)。このように JLE ではほとんどの駅が独立した駅舎を有し、地下鉄出入口からプラットホームまで続くトータルなデザインが可能となっている。

一方、大江戸線は都市部の中心地域に位置し、既存のビルを利用した出入口が多いことから、駅舎としては、JLE に比べて、小さく控えめな印象である。ただし、建築的なデザインが行われている中野坂上駅（図 5.2.2-2）や都心の標準的な地下鉄駅よりも印象的なデザインの麻布十番駅などの例もみられる。

図 5.2.2-1　ガラス素材を用いて印象的なカナリー・ワーフ駅出入り口

図 5.2.2-2　建築的なデザインが取り入れられている中野坂上駅出入口

（2）駅出入口からの採光の活用

JLE の駅舎では、巨大なガラス製の屋根を通して、日差しが駅ホール内に差し込んでいる。カナリー・ワーフ駅は、まるで荘厳に光り輝く地下大聖堂のような印象を与えている（図 5.2.2-3）。また、複数基設置されたエスカレータは、駅利用者の利便性や出入口の分かりやすさの向上を図るとともに、開口部が大きくなることから採光をふんだんに取り入れることができ、利用者に対する視覚的な印象を向上させている。

一方、都心部を走る大江戸線の駅は、全般に駅が地下深くに設置されている。そのため、中野坂上駅のように、比較的広々としたガラスに覆われた駅出入口を有する駅もあるが（図 5.2.2-4）、大半の駅では駅ホールにまで日光は差し込まない。その中で、照明をクモの巣のようなデザインとすることで、外界から地下空間まで自然光が差し込む雰囲気を生み出すなどの工夫をした飯田橋駅のような例もある。

図5.2.2-3 荘厳に光り輝く地下大聖堂のような印象を与えるカナリー・ワーフ駅出入口

図5.2.2-4 比較的広々としたガラスに覆われた駅出入口を有する中野坂上駅出入口

（3）駅舎内部のデザイン

　JLEの駅舎は、土木施設の構造から生み出される空間を基礎とした駅全体の統一的なデザインコンセプトを重視しており、照明、手すり、色彩、壁のような細部にもデザイン要素を効果的に用い、芸術的な印象を与える（例えば、カナリー・ワーフ駅；図5.2.2-5）。

　一方、大江戸線では、改札の正面に駅ごとに異なる「パブリックアート」を採用し、地下空間の狭隘性からくる閉塞感を緩和し、ゆとりや潤いを与えている（図 5.2.2-6）。しかし、パブリックアートの選定に際しては、駅舎デザインとの整合性や地域性に配慮されたものを「駅デザイン検討委員会」（座長：加藤紘一）が審査、提案したが、最終的にパブリックアートの設置費用を負担する協賛企業が作品を選定したため、駅全体のデザインコンセプトに基づかない結果となっているものもみられる。

図5.2.2-5 駅全体の統一的なデザインコンセプトを重視し芸術的な印象を与えるカナリー・ワーフ駅

図5.2.2-6 パブリックアートにより地下空間の閉塞感を緩和した中野坂上駅

５．２．３　駅ホール・コンコース

（１）駅ホールの空間と駅の形状

　JLE のカナリー・ワーフ駅の駅ホールは、広々とした空間を確保しており、その空間には駅出入口を通じて直接日の光があふれるという特徴的な構造となっている。空間を支える柱は楕円形であり、視覚的に印象的である（図 5.2.3-1）。

　一方、大江戸線は、密集した都心部に位置するため、用地の確保が難しい上、大規模な空間の確保は建設費の増加につながることもあり、設置される駅ホールは JLE に比べると全般的に狭い。このため、大江戸線では駅ホールが閉ざされた空間であることを考慮して、デザインアートを導入したり、天井部に曲線を施したりして、その閉塞感の緩和を試みている（例：両国駅ホール；設計：鹿島建設；図 5.2.3-2）。ただし、最近では日本の地下鉄でも出来るだけ空間を確保しようとする例もあり、こうした大空間の駅ホールは駅を魅力的なものとしている。

図 5.2.3-1　楕円形の柱により視覚的に印象的なカナリー・ワーフ駅のホール

図 5.2.3-2　デザインアートや天井部に曲線を施すことで閉塞感を緩和した両国駅

（２）デザインによる旅客動線の誘導

　JLE では、プラットホームから続く階段やエスカレータは広々としており、旅客は出口方向を示す表示が無くても容易に旅客動線を把握することができる（図 5.2.3-3）。つまり、駅構内の構造そのものが大きなサインの役割を果たすようにデザインされている。

　一方、大江戸線でも駅舎内部のデザインにより、旅客に動線を示し、また、飽きさせないように工夫している。例えば、飯田橋駅は立地上、プラットホームと改札が離れた構造のため、その旅客動線の工夫として空間アート（クモの巣様のフレームによる照明）を施したり、普段は見られない構造物の躯体を天井に露わにしたりした。後者は、天井材が無い分だけ狭隘な空間の閉塞感の緩和にもなった。また、同駅では複数の出口があるため、その出入口の方面別に壁材の仕上げを変化させ、そのデザインの違いにより旅客に対する案内誘導を試みた（例：飯田橋駅；設計：渡辺誠；図 5.2.3-4）。これらの例のような空間の設置方法や照明の配置は、旅客の動線を誘導し、同時に地下空間の閉塞感を緩和し、地下鉄の駅舎内をより興味深い空間へと変えている。

図 5.2.3-3　広々とした駅空間構成により旅客動線の把握が容易なカナリー・ワーフ駅　　図 5.2.3-4　出口方面別に壁材の仕上げを変化させ旅客の案内誘導を試みた飯田橋駅

（3）コンコースにおける空間と機能の確保

　JLE の駅コンコースは、ロンドン・ブリッジ駅(London Bridge)のように新設ではなく既存の駅を改装したケースでさえ、広々としている。ロンドン・ブリッジ駅は、古い駅のコンコースが改修されたが、隣接する空間との境界面をガラスにすることで、天井の高さと相まって空間の広がりを感じさせ、開放感がある。また、古いレンガの美しさと壁面や天井の形を強調するオリジナルな照明が用いられている。JLE では例えば、空間デザインの中に包含された照明やステンレス仕上げやガラスなど、広いコンコースのなかに共通のデザインが導入されている。なかでもステンレス仕上げは、駅にハイテクなイメージを与えている（例：ロンドン・ブリッジ駅のコンコース；設計：ウェストン・ウィリアムソン（Weston Williamson）；図 5.2.3-5）。また、ノース・グリニッジ駅(North Greenwich)では、配管をむき出しのままにすることで、天井を高く見せている。加えて、ステンレスと対照的な青や赤のタイルの柱が美しく、構造をわかりやすいものとしていて安心感を与える。これらはいずれも高度な技術であり、機能美を醸し出している。

　一方、大江戸線駅のコンコースには周辺地域の歴史を踏まえた色彩や素材が用いられた。例えば、麻布十番では赤色を用いることで、視覚的にコンコースとプラットホームをつなげている。また、蔵前駅でも同じような色やモチーフを、プラットホームとコンコースで使用し（例：蔵前駅のコンコース、図 5.2.3-6）、空間に連続性を持たせている。

図 5.2.3-5 古いレンガの美しさと壁面や天井の形を強調するオリジナルな照明が導入されたロンドン・ブリッジ駅

図 5.2.3-6 プラットホームとコンコースで共通のモチーフを施し空間の連続性を表現した蔵前駅

5．2．4　プラットホーム
（1）路線のトータルデザインコンセプトに基づくプラットホーム空間

　JLE は路線全体のトータルデザインの視点からのデザインがなされているため、例えばテラゾーの床仕上げやガラス製のホームドアなどが、いずれの駅でも共通で用いられており、路線としての統一感が感じられる（例：ロンドン・ブリッジ駅、図 5.2.4-1）。

　一方、大江戸線の駅構内では、駅ごとに定めたコンセプトに基づく統一的なデザインが施されている（例：飯田橋駅；設計：鈴木エドワード；図 5.2.4-2）。

図 5.2.4-1 テラゾー仕上げの床やガラス製のホームドアなど路線のトータルデザインが用いられたロンドン・ブリッジ駅

図 5.2.4-2 駅ごとのコンセプトに基づく統一的なデザインの飯田橋駅

（2）色彩と仕上がりの違い

　JLE の駅のプラットホームにおける大きな特徴は、様々な素材、色彩、構造的要素を用いながら、全体として調和させている点である。ノース・グリニッジ駅のプラットホームは、ステンレスの素材に青いモザイクがコントラストとなり、それが意図的に「未完成」な状態の駅天井と相まって、強烈な印象を与えている（設計：オールソップ、ライアル、ストーマー（Alsop, Lyall and Stomer）；図 5.2.4-3）。

　一方、大江戸線は例えば牛込神楽坂駅における地層をテーマとした駅のように、「土」を連想させる手の込んだ細工が施されたタイルが多数用いられ、壁、柱などの色合いも「土」をイメージした暖色系に統一されている。

　このように JLE では異色のものを様々に組み合わせて調和を図る一方、大江戸線では統一的な色調で調和を図るという点で駅構内におけるデザインの考え方が両線では対照的である（例：牛込神楽坂駅、設計：前田雅之；図 5.2.4-4）。

図 5.2.4-3　ステンレスや青いモザイクなど様々な素材を組み合わせて調和を図るノース・グリニッジ駅

図 5.2.4-4　統一的な色調でデザインの調和を図る牛込神楽坂駅

（3）プラットホームのデザインにおける地域性の表現

　JLE は、転落、接触事故防止のために設置されたガラス製のホームドアや近未来的でシンプルな駅の壁面と駅名表示などが、再開発された比較的新しい沿線地域のイメージを表現している（例：サザーク駅；設計：マコーマック　ジェイミソン・プリチャード卿（MacCormac Jamieson Prichard）；図 5.2.4-5）。

　大江戸線のプラットホームのデザインは、駅が存在する地域の歴史や伝統を反映したものとなっている。例えば、蔵前駅の周辺はかつて蔵の街であったことから、プラットホームのデザインではその伝統的な蔵の形を模した飾りを壁面に活用している（設計：鹿島建設；図 5.2.4-6）。このように地域性を表現することで、駅周辺地域との一体感を醸し出し

ている。

図 5.2.4-5 再開発され比較的新しい街をイメージさせる近未来的なサザーク駅

図 5.2.4-6 蔵の街を連想させるプラットホーム壁面の装飾（蔵前駅）

（4）プラットホーム空間における壁面利用

　JLE では、ホームドアによってプラットホームの壁面が見えにくくなるところを、このホームドアをガラス製とすることで、ホームドア越しに壁面の装飾を見ることができる（例：カナリー・ワーフ駅；図 5.2.4-7）。

　一方、大江戸線のプラットホームでは、ほとんどの駅で壁面にアートや特別な素材が駅名表示とともに施されている。ホームドアの高さは、JLE よりも低いため、ホームドアの奥の壁面のデザインが良く見える。大江戸線では、比較的統一された JLE に比べて、壁面の素材や色、モチーフがバラエティに富んでいる（例：清澄白河駅；設計：石原計画　図 5.2.4-8）。

図 5.2.4-7 プラットホームの壁面装飾取り入れたカナリー・ワーフ駅

図 5.2.4-8 壁面の素材や色、モチーフがバラエティに富む清澄白河駅

５．３　日本の鉄道駅の課題
５．３．１　日本の鉄道駅における個々の要素のデザインの課題
　ヨーロッパにおける優れた駅の事例との比較を通じて、日本の駅全般にみられるデザイン上の課題を抽出した。

（１）駅舎と地下駅の出入口
①地上駅舎におけるランドマーク性の導入
　駅は、その街の中で重要な座標軸を占めるケースが多い。遠方からの来訪者にとって、駅は都市の出入口であり、都市風景の中で駅を中心として目的地を目指し、帰りは駅に向かって移動を行うのである。そのため、駅がランドマークになることは来訪者の視点からは重要であり、その地域性を表現するために、地域毎の独自デザインを施すとより効果的である（例：旧田園調布駅；1923；図 5.3.1-1）。さらに駅舎の材質もガラス製や木製にしたり、地域の歴史などのイメージを表現したりするなど、個性的な設計が効果的と考えられるため、日本の駅舎整備においても街の機能として駅舎のランドマーク性を重視するべきである（例：岩見沢駅；2009、設計：西村浩；図 5.3.1-2）。

②駅の出入口における個性的なデザインの導入
　駅は街の出入口であることから、街の要素を駅舎の中に取り込み、街との一体感を醸成し、どこから見ても分かり易くデザインされたものであることが重要である（例：由布院駅；1990；設計：磯崎新；図 5.3.1-3）。特に街は、個々に歴史が異なり、地域の特徴は画一的なものではないことから、駅についても地域性を反映した建築デザイン、色、材質に特徴を持たせて、ひときわ目立つような個性的な駅舎や出入口のデザインを行うべきである。また、駅構内についても、出入口からプラットホームまで、駅ごとに設定したステーションカラー、プラットホームや柱に施す特徴的な装飾、芸術品の配置等、駅全体の一貫性が図られたトータルデザインにより駅周辺の地域性を反映するべきであり、一部の駅ではすでにそのような考え方が導入されている。

③駅前における十分な場所の確保
　ランドマークとしての駅をより一層引き立たせる機能として、駅とその他の建物との間の空間を十分に確保することが重要である。駅前の空間は、人や車の通行や駅舎景観のための駅前広場としても適切に整備される必要がある（例：旭川駅；2011；設計：内藤廣；図 5.3.1-4）。

図5.3.1-1　地域の独自デザインを取り入れた駅舎（旧田園調布駅）

図5.3.1-2　街のランドマークとなる駅舎の整備（岩見沢駅）

図5.3.1-3　街との一体感を醸成する分かり易いデザインの湯布院駅

図5.3.1-4　駅前に十分な空間が確保された旭川駅

（2）駅ホール、コンコース、プラットホーム
①閉塞感の緩和と構内構造の単純化

　構造設計の段階で意図的に空間を確保したり、既存駅でもプラットホームからコンコースに至るまで色彩、照明の明暗、デザイン等に統一感を持たせたりすることでコンコースの閉塞感の緩和を図るべきである。好例をあげると、日向市駅(2008；設計：内藤廣)は、駅ホール、コンコース、プラットホーム、さらには駅前広場にも地元の木材を用いている（図5.3.1-5）。

　また、旅客動線は可能な限り単純化し、出入口や乗換経路が明示されるような駅構内の構造とすべきである(例：みなとみらい線の馬車道駅、設計：内藤廣；図5.3.1-6)。

②旅客流動の円滑化を優先したコンコース等の商業活用

　商業施設を設置する場合には旅客動線に配慮すべきである。また、支障が生じる場合は、コンコースとは別に地下や別フロアに商業施設を設置するなどして、旅客動線と分離するべきである。例えば、三越前駅のコンコースに商業機能はないが、商業機能を有する「三越デパート」と「コレド室町」の間に位置し、広々として美的であり、かつそこに設置さ

れる広告媒体は移動、通行の邪魔にならない(図 5.3.1-7)。

図 5.3.1-5　駅舎のデザインに統一感をもたせて駅空間の閉塞感を緩和した日向市駅　　図 5.3.1-6　駅構内空間の単純化により移動経路が分かり易い馬車道駅(みなとみらい線)

図 5.3.1-7　広々として美的であり旅客流動を阻害しない三越前駅のコンコース　　図 5.3.1-8　渋谷駅における良くコーディネートされた広告

（3）広告・案内表示
①駅構内における包括的な広告掲出の体系化

　掲出する場所（駅出入口、駅ホール、コンコース、プラットホーム等）の特性（空間、幅、距離、旅客の滞留もしくは通過の有無等）に応じて、広告掲出を包括的に捉え、色調、大きさ等について体系的なデザインコードを導入するべきである。

②景観を損ねない広告や案内表示の標準化

　駅舎の建物における広告や案内表示は、掲出物の場所を勘案し、それぞれごとに大きさ、形状、色調、素材などの標準化を図ることが望ましい。それらは駅舎を設計する段階から考慮し、より空間の質的向上を図ることが望ましい(例：渋谷駅、図 5.3.1-8)。

③広告と案内表示のデザイン化

　旅客に対する広告や案内表示は可能な限りシンプルで直感的に理解可能なものに改めるべきである。（例：新御徒町駅、図 5.3.1-9、渋谷駅；図 5.3.1-10）。

④広告と案内表示の分離

　駅内の広告と案内表示を分離し、案内表示は旅客流動をより円滑化させるよう工夫をし、広告は駅の色調や他の広告とのバランスを考えながら配置することが重要である。さらに広告掲出場所を適切に選択し、その場所を固定化することにより、駅構内のインテリアデザインと整合性を持つよう設計段階で配慮をするべきである（例：東京メトロの「エチカ池袋」（商業施設）、2012；図5.3.1-11）。

図 5.3.1-9　新御徒町駅

図 5.3.1-10　渋谷駅

図 5.3.1-11　「エチカ池袋」

図 5.3.1-12　錦糸町駅改札口前

（4）パブリックアート

　パブリックアートはその芸術性を有効に利用者に示すために、旅客から見やすい場所に設置するべきである。特に歩行速度を緩めたり、止まりやすい場所に配置されたりすることが望ましく、例えば改札口の正面、プラットホーム、コンコースなど旅客流動の妨げにならない範囲で、アイキャッチとなるような場所に設置し、パブリックアートの芸術性を失わないように配慮すべきである（例：東京メトロ錦糸町駅（2003）；図5.3.1-12）。また、その際には案内表示や広告に紛れないように適切に配置する必要がある。

（5）ユニバーサルデザイン

今後は移動制約がある高齢者や地理に不案内な訪日外国人がより一層増加することを勘案すると、主要な旅客導線にはユニバーサルデザインが施されるべきである。

特に、バリアフリー施設などは可能な限り迂回などが生じないように便利な個所に設置するべきで、新駅を整備する場合には駅構造が単純で分かり易いことを目指すべきである（例：明治神宮前駅(2008；図 5.3.1-13)。また、案内表示も日本語だけでなく、英語、中国語、韓国語のみならずピクトグラムも積極的に導入し、海外の人にも不自由なく鉄道の利用ができるように配慮するべきである（例：北陸新幹線の上越妙高駅、2015；図 5.3.1-14）。

図 5.3.1-13　明治神宮前駅（副都心線）

図 5.3.1-14　上越妙高駅、新潟県

5．3．2　トータルデザインの導入

前節では、駅舎、出入口、ホール、コンコース、プラットホーム、広告、案内表示といった駅を構成する要素ごとに、わが国の鉄道のデザインに関する課題を取りまとめた。

近年、施設ごとのデザインにとどまらず、駅構内全体、路線全体、更には鉄道が位置する地域と合わせてトータルなコンセプトを定めデザインする例が少しずつではあるが増加している。この概念は、わが国の鉄道を景観面で優れたものとし、かつ利用しやすく快適なものとする上で、極めて効果的な手法であり、鉄道の新設や大規模改良の際に積極的な導入が望まれる。以下にトータルデザインに関し、3つの観点から課題とあり方を示す。

（1）駅全体

駅毎に駅舎、出入口、ホール、コンコース、エスカレータ、プラットホーム等のデザインに共通したトータルデザインコンセプトを与えるべきである。コンセプトの与え方は

様々であるが、東京メトロの例では「未来へはばたく羽根」（本郷三丁目駅）、「自然との出会い」（溜池山王駅）、「四季」（四谷駅）などである。これらのコンセプトのもと個々の施設の具体のデザインを定めている。デザイン手法（対象、要素）は空間構造、施設の配置、形状、壁面・床・天井・柱の色合い、材質、模様、仕上げ、外部からの採光や照明などで、これらによりトータルザインを実現する（例：馬車道駅；2004；図5.3.2-1）。

出入口（駅舎）

ホール

コンコース

プラットホーム

図5.3.2-1　日本における駅全体のトータルデザインの例：馬車道駅

　更にはパブリックアート、案内表示や広告まで範囲を広げることでデザインの統一感を強調できる。
　駅にトータルデザインを導入することにより、利用者は鉄道駅を利用する際に、施設ごとの独立したデザインにありがちな「ちぐはぐさ」に煩わされることなく、快適で分かり易く移動できる。またトータルデザイン導入により、移動経路をわかりやすく表現することも可能であり、案内表示等移動のための情報を最小限に抑えられるというメリットもある（例：リヨン・サンテグジュペリ駅；1994；図5.3.2-2）。

出入口（駅舎）

ホール

コンコース

プラットホーム

図 5.3.2-2　海外における駅全体のトータルデザインの例：リヨン・サンテグジュペリ駅

（2）鉄道路線全体

　鉄道路線全体が一貫したデザインコンセプトのもとに整備されることも鉄道の魅力を向上させるうえで重要である。コンセプトの定め方は様々で、南北線は路線全体のデザインのコンセプトを基本理念という言葉を用い「質の高いデザイン（ハイクオリティ）」、「快適性（アメニティ）」、「総合的なデザイン（トータリティ）」（例：東京メトロ南北線の駅；図5.3.2-3）、副都心線は「駅を楽しみ、地域を楽しむ駅」を路線全体のコンセプトとして掲げている。これをもとに、各駅のデザインコンセプト、デザイン手法を定め、さらに個々の施設のデザインコンセプトを定めている。

　また、ロンドンのドックランド地区の地下鉄ジュビリーライン延伸線では、多くの駅の空間構造をプラットホームに自然光が届く構造とし、壁面や椅子の色は原則としてグレーやシルバーを使用し、材質は磨かれたメタルとコンクリートを基本とすることなどをデザインコンセプトとした。また、パリメトロ14号線も路線全体にトータルデザインが施されることにより、路線イメージやブランドが確立することで路線の魅力が向上している（図

5.3.2-4)。そして沿線居住者、通勤者は、路線のどの駅であっても自分の最寄駅であるかのような親しみや安心感を覚え、それが地震や火災等の非常時の際に避難を容易とするなどの大きな効果を生むことも期待できる。

白金高輪駅

飯田橋駅

永田町駅

四谷駅

図 5.3.2-3　日本における鉄道路線全体のトータルデザインの例：東京メトロ南北線の駅

シャトレ駅

リヨン駅

ビブリオテーク・フランソワ・ミッテラン駅

サンラザール駅

図 5.3.2-4　海外における鉄道路線全体のトータルデザインの例：パリメトロ 14 号線の駅

（3）地域と鉄道

　駅は、地域の人々が日々利用し、また駅舎が地域のランドマークとなる等、地域と密接に結びついており、地域を構成する重要な要素の一つである。従って、鉄道駅の整備にあたっては、地域の景観、風土、歴史等を考慮したデザインが望ましい。例えば、駅舎が駅周辺の街の建物と調和をとったり、駅構内の壁面のデザインが駅周辺地域の歴史を表現したり、まちづくりと一体的に駅前広場や駅舎に必要な空間を十分に確保するなどである。前述の駅及び路線のデザインを行う際には、これらの観点も併せたトータルデザインを行うことが多い。

　地域を反映したデザインコンセプトの例としては、「文明開化発祥の地・横浜」（みなとみらい線）、「江戸下町文化の未来への継承」（半蔵門線）、「周囲の上野動物園と上野公園と関連付け、さらに地域社会の伝統と個性を反映する」（上野駅）、などがある。

　このようなことを可能とするためには、都市と鉄道の計画時点からの一体性を確保することが必要である。ヨーロッパでは、歴史的に都市間鉄道の駅建設を周辺まちづくりと一体的に行ってきた歴史があり、わが国にも、このような配慮がなされている例はある。古い例では、東京駅の建設と丸の内地区の整備、田園調布地区の開発と田園調布駅の整備などがある。近年でも、みなとみらい線は計画段階から都市の中で鉄道駅を位置づけ、デザ

インされたため、可能な限りゆったりとした空間が確保され、駅周辺ビルと駅舎の一体感が魅力ある空間を作り出している。また駅の大規模改良でも駅舎と周辺地区の再生を一元的に行うなど、多くの事例がみられ、それが鉄道をより魅力的なものとしている。

　このような地域と鉄道をトータルに考え、鉄道に沿線地域の特性を取り込む、あるいはまちづくりと一体となり、鉄道施設に必要な空間を生み出すことにより、路線と地域が一体となったイメージやブランドの醸成、地域に密着した施設とすることが可能である（例：東京メトロの駅：図 5.3.2-5；ドイツ鉄道の駅：図 5.3.2-6）。そして、利用者はその駅に降り立った際、瞬時にどの駅かを理解するとともにまちの風景を想像でき、住民はその駅が「地域の駅」であると誇りを持つ事ができる。

押上駅　　　　　　　　　　　　　　表参道駅

銀座駅　　　　　　　　　　　　　　後楽園駅

図 5.3.2-5　日本における鉄道会社ブランドデザインの例：東京メトロの駅

わが国の駅舎は歴史的には積極的に個性的なデザインがなされ、近年でも、このような観点からデザインが行われる事例が増加している。しかし、かつては長期間にわたり、効率性向上や財政制約からくるコスト削減を重視した時期が続き、その間に建設された多くの路線、駅はこのデザイン手法が欠如している。高齢化社会への対応、国際競争力の確保などの観点から鉄道サービスの一層の向上が望まれる中、今後の新路線の整備、既存駅の大規模改良の際にはトータルデザインの導入が大きな課題である。

　更には、より効果的なトータルデザインを行うために、次章で述べる歴史や風土などの地域の特性を積極的に取り込むコンテクスト・センシティブ・デザイン（CSD）の導入が課題である。

ベルリン中央駅

ライプチヒ中央駅

ケルン中央駅

ベルリン・シャルロッテンブルク駅

図 5.3.2-6　海外における鉄道会社ブランドデザインの例：ドイツ鉄道の駅

6．より良いデザインを目指して

6．1　デザインコンペの推進

　デザインコンペは主に公共建築物をデザインする場面で用いられる手法で、施主から示された一定の条件下で複数の設計者に設計案の提出を求め、審査を経てその中から最も優れた作品を選定するものである。多くのデザインの中から選ぶことが出来るので優れたデザインの建築物を設計する上で効果的な手法である。

　このデザインコンペは欧米諸国では、もともと民間建築物の分野で古くから取り入れ、古代ギリシャまでさかのぼる長い伝統を持っている。公共建築物のコンペはルネッサンス期のイタリアで行われたデザインコンペが有名であり、その後の方式の規範にもなった。19 世紀に多くの公共建築物のデザインにこの方式が取り入られるようになり、パリのオペラ座、ロンドンのウエストミンスター宮殿（国会議事堂）といった現存する著名な建築物を含む多くの公共建築物の建築のためのコンペがイギリス、フランス、オランダ、イタリア、アメリカ等で頻繁に開催された。

　20 世紀に入ると駅舎のデザインにもこの方式が取り入れられ、代表的なものにはヘルシンキ中央駅（Helsingin Päärautatieasema；1904）、ハンブルク中央駅 （Hamburg Hauptbahnhof；1900）、オスロ中央駅（Oslo Sentralstasjon；1946）、ローマテルミニ駅 (Stazione di Roma Termini；1947 年)等がある。比較的新しいものではリヨン・サンテグジュペリ駅（1989）、ルーヴァン駅（Station Leuven；2000）等がある。ベルリン中央駅(2006)も 1993 年に実施した国際コンペによる作品を元にした建築物であり、駅舎はベルリンのシンボルになっている。

　日本での公共建築物に関するデザインコンペは、1912 年に実施された大阪市中央公会堂が初期の代表的な事例と言われている。これに続き、国会議事堂、日比谷公会堂などが同方式を用いてデザインが選ばれている。その後、多くの公共建築物でデザインコンペが実施されてきたが、駅舎に関してはこの方式の導入は大きく遅れた。

　近年、日本でも徐々に駅舎のデザインにコンペ方式が導入されるようになった。京都駅、岩見沢駅、高知駅、旭川駅、大江戸線の駅、みなとみらい線の駅などがその事例である。特に、京都駅（4 代目駅舎；1997；JR 西日本）は 1990 年に建築設計コンペを行った。これは当時の日本の鉄道駅では異例のことであった。7 名の建築家（原広司、安藤忠雄、池原義郎、黒川紀章、ジェームズ・スターリング（James Sterling）、バーナード・チュミ（Bernard Tschumi)、ペーター・ブスマン（Peter Bussmann））が競い、1991 年に原広司の提案が採用されることが決まった。原広司の案は、デザインの斬新さが評価される一方で、建物の規模とデザインが古都京都の落ち着いたたたずまいと調和せず、むしろ京都タワーと並び景観を破壊していると酷評する人もおり、評価が分かれている。北海道の岩見沢駅もデザインコンペ（2005 年）が行われた例であり、全国から 376 のエントリーがあった。その後、高知駅、旭川駅などでも行われ、優れたデザインの駅舎が完成している。

　また、地下鉄駅でもコンペ方式が導入された。大江戸線では数人の建築家が競争に参加

し、その結果、各々の駅は異なる建築家によってデザインされた。また、みなとみらい線の駅はクローズシステムのコンペが行われ、選ばれた建築家によって設計された。みなとみらい線では、委員会を通じて全線のデザインコンセプトを定め、それに基づき、駅ごとに異なる建築家がデザインを担当した。

デザインをコンペ方式で行う効果は以下のようなものが挙げられる。

> **■デザインコンペ方式を実施する場合の効果**
> ・ すべてのデザイナーに門戸を開き、応募した案の中から最も優れたものを選ぶことができる。
> ・ 発注者は具体的な設計案の提示を受けその中から選定できる。
> ・ 審査員となる専門家からのアドバイスが受けられ、またパブリックコメント方式を併せ行うことにより、一般市民からの意見も取り入れることが可能となり、より優れた案を作ることが出来る。
> ・ 審査のプロセスや内容、結果を公表することで透明性と公平性の確保が可能となる。
> ・ 経験の少ない若手建築家にもチャンスが与えられ、新人発掘や若手育成といった社会的意義が大きい。

日本でも、優れたデザインで周辺景観と調和した鉄道施設を作るという観点から、駅舎をはじめとする鉄道施設のデザインに今まで以上にコンペを導入することが必要である。コンペの実施に向けては、他の公共建築物とは異なる鉄道建築物や構造物の特色を踏まえ、方法を工夫することが課題となる。特に、鉄道事業者や自治体が中心となりコンペの実施体制や審査体制を構築することが重要な課題となる。なかでも審査体制は、連携したデザインの必要性から、建築、土木、都市計画など関係する分野の専門家とそれを統括するマネージャー（ゼネラリスト）で構築することが望ましい。

６．２　地域性を反映したデザインの重要性

鉄道の駅舎は街や交通の中心となるため、気品があり、街の中でも見つけやすいような存在感をもち、かつ中に入れば駅内部の構造が明快で分かりやすいことが重要である。さらに、駅舎は、外部からの訪問者を心地よく迎える都市の入口であるとともに、そこに住む人々が誇りに思えるように設計される必要がある。それゆえに、駅舎のデザインには地域性を反映することが重要であり、その実現の手法として委員会等の形式を通じて地元住民、まちづくり協議会、建築家、土木技師、鉄道事業者、国、地方自治体等の関係者間で、知識と経験を提供し合うことが重要である。

最近では構造デザインも含めて経験豊富な建築家や学識者が率いる委員会を開催し、鉄

道会社や地方自治体、地元住民と一緒に駅の計画、設計について最良の選択を模索するケースがある。このような委員会は、すばらしい駅舎の設計に貢献している。

旭川駅整備における委員会は、国土交通省、北海道、旭川市、JR 北海道、コンサルタント、都市計画者、土木技師、建築家からなり、委員長を篠原修東大名誉教授が務めた。この委員会の最終決定にもとづき、JR 北海道は駅から川が見やすくなることを優先し、列車運行として有利な直線のプラットホームを曲線とし、かつ、駅からの景観を楽しめるように柱と柱の間隔を広くとることに合意したのである。当該プロジェクトは 1992 年から調査を行い、1994 年に関連する委員会を設置し基本計画を策定、1996 年の都市計画決定を経て、1998 年に事業認可となった。2010 年には新高架駅ビル、2011 年にはプラットホームや軌道等も含めた駅全体がそれぞれ完成し、2013 年には駅前広場が完成した。このように当該プロジェクトは、関係者間の調整が複雑で非常に時間を費やした。しかし、それは、委員会内の学識者、地元住民、鉄道事業者、地方自治体が地域に誇れる駅舎にするという思いを調整したためであり、その結果、木材をふんだんに使用し、他の地域にない温かみを感じさせるデザインを有する駅舎の整備に成功している。

また、新しい岩見沢駅は 2009 年にグッドデザイン賞、2011 年にブルネル賞を受賞しているが、そこでも地元における議論を踏まえて歴史を感じさせる昔の線路をガラス張りのファサードのフレームの一部として活用したり、地元の材料で作られたレンガを用いたりして地域性を反映させている。

鉄道の駅舎を最も多く利用するのはそこに住む人であるが、それらが個々に持つイメージを専門家グループによる委員会において集約、調整し、具体化していくことで、地元住民にとって愛着が持てる駅舎が創られていくのであり、その一環として地域性を反映させた他の地域にはない駅舎をデザインしていくことが重要となる。

６．３　CSD（コンテクスト・センシティブ・デザイン）の導入

「3 章ヨーロッパの鉄道駅の景観」で述べたように、一連のデザインのプロセスに一般市民や様々な専門家が参画するCSDは、アメリカで開発された包括的な設計手法である。このCSDの考え方は、当初、高速道路の計画に適用されたが、鉄道駅の再生や保全に際しても、その景観づくりの一環として適用されてきた。

ヨーロッパや日本においては、より良いデザインの駅に対する要望から、駅の計画、設計や近代化が行われてきた。ヨーロッパでは、多くの駅のプロジェクトにおいてこのCSDの手法が取り入れられ、多くの分野の専門家や広範な市民が参加してきた。日本においても1990年代以降、以前よりも「美しさ」に配慮したデザインに留意されるようになってきた。地域住民によって受け入れられる美しいデザインとすることを目的に、委員会が設置されてきた。その点では、日本におけるデザインを検討する委員会はCSDと同様のアプローチであると言うことが出来るかもしれない。しかし、本来のCSDとは、もっと幅が広く、公共の議論と評価を経たものである。

つまり、CSDとは、利用者や近隣住民の要望を広く考慮することである。このためには、早い段階からの継続的な一般市民の関わり、柔軟性のある新たな解決策、斬新なアイデアの取り入れが求められる。これに対して、日本では市民の関与は、プロジェクトがかなり進んだ段階からはじまることが一般的である。しかも、輸送に関するプロジェクトに一般市民が関与することはほとんどなく、マスメディアでこれが議論される機会も少ない。

　また、CSDはデザインの基準を柔軟に適用することでもある。すなわち、地域の特徴や地域の要望を考慮した輸送システムを創り出すためには、一般の基準には示されていないような細かな部分のデザインや特別な機能を適用するようなこともある。

　CSDは、「良いデザイン」に欠かせない要素として、「美しさ」を取り入れることでもある。「良いデザイン」とするための1つは「全体的な調和」である。鉄道で言う「全体的な調和」とは、駅全体の「トータルデザイン」、路線全体の「トータルデザイン」、および駅と周辺地域との「トータルデザイン」の3つの側面がある。

　日本においても「美しさ」に焦点をあてたデザインの例があり、例えば、比較的最近建設された東京の地下鉄南北線や横浜のみなとみらい線は路線としてのトータルデザインの観点が取り入れられている。一方、東京の地下鉄半蔵門線や大江戸線では、駅としてのデザインは優れているが、路線全体のトータルデザインはなされていない。そして、それよりも古い路線では、ひとつの駅についても、その入口からプラットホームまでのトータルデザインという観点には欠けている。つまり、全体的な調和というよりも、自動改札機付近の装飾した壁面などのように、局所的なデザインにより焦点が当てられたものとなっているのである。ここでは、デザインとは建築や構造から考えるものではなく、仕上げや装飾などとして認識されている。

　CSDとは、地域の特性や歴史、条件などを考慮することである。日本でもそのような考え方は取られているが、例えば神社の形を模した駅舎など、芸術的、建築的創造性に欠けた、あまりにも直接的な方法がしばしば行われている。

　CSDのアプローチをより包括的に行うことは、建築と土木の連携を深めることでもある。また、プロジェクトがコンペを通じて選択され、そのプロセスに鉄道会社の外部の建築の専門家などを含めていけば、デザインはより良いものとなる。

　鉄道駅のプロジェクトにCSDを適用することで、交通機関は移動性、居住性のうえでより機能的で利便性の高いものとなり、都市はより活力に満ちて魅力的なものとなる。CSDの考え方を踏まえた鉄道駅は、他の輸送手段との空間的な配置やデザインをより良いものとすることが出来る。

　CSD の考え方は、広告も含めたトータルなデザインであることから、広告をその駅にふさわしい適切なものに規制することにもつながっている。

　地域住民との議論に基づいて実現した駅は、より機能的となるだけではなく、美しいデザインとなり、駅の重要性、機能性、そして魅力を高めることにもつながっている。都市計画者や利害関係者を含んだ地域住民が参加することにより、駅のプロジェクトは鉄道会

社だけでコントロールされるものではなくなり、多くの人々のニーズを満たすこととなる。また、エンジニアや建築家に加え、広範囲な都市デザインを取り込むことで、地域の特徴はより強いものとなる。

　以上のような意味で、駅のデザインに CSD のアプローチを導入することは、将来、より良い駅を実現することに貢献するものである。

【参考資料】

アラン(Allen) H. (2001): Design and culture, Public Transport International Magazine, No. 4, Union Internationale des Transports Publics (UITP), UITP Publications, Brussels.

カミナガイ(Kaminagai) Y. (2001): Design in Favor of Sensivity, RATP Savoir-Faire, No. 37, 28-33.

カーペンター(Carpenter)T. G. (1994): The Environmental Impact of Railways. John Wiley & Sons, Chichester.

木戸エバ・チヴィンスキー(Cywiński) Z.・藤野陽三 (1992): Making steel bridges friendly by honoring aesthetics, Proceedings of 3rd Pacific Structural Steel Conference "Making Steel Friendly for the Next Generation", Japanese Society of Steel Construction, Tokyo, 979-984.

木戸エバ(1995): Aesthetics and philosophy of structural design in the context of Japanese bridges「日本における橋梁デザインの景観設計思想」. PhD Thesis, University of Tokyo, Tokyo.

木戸エバ(1997): Aesthetics in Japanese bridge design, Journal of Architectural Engineering, No. 3(1), American Society of Civil Engineers (ASCE), 42-53.

木戸エバ (2004): 日本における鉄道景観の課題・ヨーロッパとの評価, Japan Railway Engineers' Association (JREA), Vol. 47, No. 10, 30365-30370.

木戸エバ (2005):「鉄道景観デザインおよび形体と機能と美との関連性」, Japan Railway Engineers' Association (JREA), Vol. 48, No. 11, 31226-31232.

木戸エバ (2007): Aesthetic issues of railway stations in Japan and Europe, Proceedings of IABSE Symposium Weimar 2007, International Association for Bridge and Structural Engineering (IABSE), Weimar, summery 260-261, full version CD A-0041.

木戸エバ (2011):「日本とヨーロッパにおける地下鉄駅のデザイン比較と動向」, Japan Railway Engineers' Association (JREA), Vol. 54, No. 11, 36420-36425.

木戸エバ・チヴィンスキー(Cywiński) Z. (2014): The new steel-glass architecture of railway stations in Japan 「日本における新しいスチールガラス鉄道駅」, Steel Construction Design and Research, Vol. 7 No. 3, 208-214.

木戸エバ (2014): Stations for people – Important Factors in Station Design 「人々のための駅・駅デザインの要素」、Report IABSE Symposium Madrid 2014, International Association for Bridge and Structural Engineering (IABSE), Madrid, pp. 850-851(summery), CD-ROM (full version).

鈴木万寿夫 (2004):「ステーションルネッサンス」、Civil Engineering Consultant, Vol. 224, 20-23.

ソーン(Thorne) M. (ed.) (2001): Modern Trains and Splendid Stations: Architecture, Design, and Rail Travel for the Twenty-First Century. The Art Institute of Chicago, Merrell, London.

チヴィンスキー(Cywiński) Z.・木戸エバ (2000): Urban bridge aesthetics: Major challenge of the 21st century, International Association for Bridge and Structural Engineering (IABSE) 16th Congress　Report Lucerne 2000, No. 14-15, CD ROM, 8 pp.

ドビアス(Dobias) G. (1998): Urban transport in France, Japan Railway and Transport Review (JRTR), No. 16, 20-25.

松浦隆幸 (2004): 建築がつくる土木空間。被写体になった駅のデザイン、日経アーキテクチュア、3月8日、21.

内藤廣 (2004):「公共空間が担保すべき時間概念」, GA Japan Environmental Design, Vol. 66, No. 1-2, 36-45, A.D.A. EDITA, Tokyo.

ファビアン(Fabian) T. (2000): The evolution of the Berlin urban railway network, Japan Railway & Transport Review (JRTR), No. 25, 18-24.

ホルゲイト (Holgate) A. (1992): Aesthetics of Built Form. Oxford University Press, New York.

ボイル(Voile) F. (2003): An underground facelift: the "Renouveau du metro" project: modern, dynamic, ambitious, Public Transport International, No.1, 21-22, Union Internationale des Transports Publics (UITP), UITP Publications, Brussels.

ブレッビア(Brebbia) C.A (ed.) (2014): Urban Transport XX, Proceedings of the 20th International Conference on Urban Transport and the Environment, WIT Press, Wessex Institute of Technology, UK.

ベルトリーニ (Bertolini) L.・スピット(Spit) T. (1998): Cities on Rails. E & FN Spon, London and New York.

メイラード(Maillard) M. (1995): Reinventing the railway station, Japan Railway & Transport Review (JRTR), No. 6, 14-18.

ワトキンス (Watkins) L. H. (1981): Environmental Impact of Roads and Traffic. Spoon Press, London.

7 . English summary:

Aesthetics of railway stations in Europe and Japan

1. Introduction

Railway stations have a history of almost two hundred years. Liverpool Road Station, which was built in 1830 in Liverpool, is considered to be the first station in Europe. In Japan, due to the isolation policy at the Edo Period for more than two hundred years, the first railway station in Shimbashi opened in 1872. Railways in Japan have quickly become the symbol of modernization in the country. Traveling by railway remained popular until the wider availability of private cars in 1960's. The railway crisis in Japan was not as severe as in Europe; still most of the commuters in large cities used trains. However station buildings in the 1960's and 1970's were often standardized, designed purely for the transfer of passengers. After the economic boom, when the society had become richer and the power of consumption was growing, a typical feature of Japanese stations - shops and department stores had considerably spread. The commercialization of railways greatly attributed to the disappearance of former clear and easy to understand stations.

In the meantime in Europe, after the introduction of high-speed trains (HST) in 1980's, travel by train had again gained popularity and railway stations experienced the most notable development since the introduction of railways in 19th century. In Japan the process of restoring the previous glory of railways that had begun in the 1990's, brought significant improvements in travel by train and in station design. Sophisticated trains required modern stations, thus precipitating new trends in station design. This so-called "station renaissance" was promoted by the railway operators to enliven railways, and it included a wide range of activities and policies related not only to new railway lines and stations, but also to station refurbishments and to the introduction of a new image of railway travel and of the stations and rail operators. In Europe, new railways focused considerably on customers' expectations, particularly in regard to aesthetic and functional station spaces. In Japan, railway companies also introduced policies related to the restoration of railways and stations. Both in Europe and Japan rail operators were rediscovering aesthetic principles of station design and implementing more attractive designs.

Currently both in Europe and in Japan, stations are important in urban infrastructure and their design has a big influence on transportation, on urbanscapes and on people. In recent years many projects on urban renewal have been realized in regard to cultural heritage. In 2013, prominent buildings as the Ise and Izumo Shrines, Kabukiza in Ginza, and Tokyo Central Post Office have been rebuilt. Among several projects there was the distinguished Tokyo Station, of which the Marunouchi side was completely renovated in 2012, and the Yaesu side being newly built in 2013. In Europe, the trend of preservation has been very strong since Post-Modernism.

While in Europe sensitive station planning and design have often resulted from the participation of urban authorities, private developers and local communities, decision making in Japan has been generally carried out by governmental authorities or private owners, and public participation has been considerably limited. In the late 1990's, a new trend emerged in the USA in transportation planning and design known as the "Context Sensitive Design" (CSD). Among various objectives of CSD is the aesthetics of transport facilities and environmentally sensitive design, realized through efforts to increase understanding of environmental and of aesthetic issues within the engineering community, and the enforcement of practical involvement of local residents. This book introduces the CSD in Japan and its relevance to station design. CSD presents itself as a universal tool for all types of public transport, including railways.

Chapter 1 introduces railway stations in the context of the role of the station, station design in the past in Japan and Europe, and the recent "station renaissance". **Chapter 2** describes the aesthetics of railways and factors of aesthetic station design, such as the form of station building, the aspects of interior design, daylight and lighting, universal design, image-based elements and public art, commercial function, advertisements, railway tracks, the appearance of trains from outside and their interior design. The aesthetics of railways also includes the beauty of the landscape, which can be seen from the trains. **Chapter 3** and **Chapter 4** respectively present European and Japanese railway stations and their aesthetic aspects. European stations have been discussed in the examples of the Deutsche Bahn (DB) stations in Germany, the Société Nationale des Chemins de fer Français (SNCF), the Régie Autonome des Transports Parisiens (Paris Metro) stations, and also on the examples of the LRT in France. The discussion of Japanese stations has been based on the examples of stations belonging to the East Japan Railway Company (JR East), Tokyo Metro and the Yokohama Minatomirai Railway Company. **Chapter 5** presents the challenges of station design in Japan compared with the design of European stations. The total design has been shown here as the objective of aesthetic station design. Some aspects of design have been discussed as in the example of the comparison of the stations on the Jubilee Line Extension (JLE) in London with the Ōedo Line in Tokyo. **Chapter 6** formulates a proposal towards better design, with aspects such as the promotion of design competitions, the importance of design that reflects the regional characteristic and the adoption of the Context Sensitive Design has been underlined. The English summery is included in **Chapter 7**.

The book is illustrated with photographs of various stations in Europe and Japan taken by the author, with the exception of Fig. 3.3.3-5 and Fig. 3.3.3-6 (courtesy of Mr. Kōji Okamura).

2. Aesthetics of railways and aesthetic factors of station design

2.1 Aesthetics of railways

Transportation infrastructure is one of the most dominating elements in the cities and open landscape, which has the power to define an urban landscape and its natural surroundings. The subject of this study includes the "Railway Landscape" (RL) which refers to the landscape of railway stations and their facilities, as well as to all the spatial configurations in station surroundings, such as station squares and streets. It includes, as its elements, both the agreeability of the station (an element depending largely on the form and function), and aesthetics of the station as well as the safety and accessibility (convenience) of the station. The RL is perceived in this study in the context of visual amenity and functional efficiency and consists of a three-dimensional network of railways, subways, and LRT, which contain the three basic elements of rail infrastructure – railroads, stations and train cars.

Aesthetics in general relates to the beauty and objects of refined taste. Aesthetic qualities of built forms depend upon their design and are examined via perception. The concept of aesthetics is a broad one – not only limited to purely visual qualities based on the well-established principles of formal analysis, such as size, shape, texture, color, etc. – but also includes more subjective aspects, such as utility, intentions of the designer, visual and mental impressions, context, invention of structural form, sense of place, etc. (Holgate 1992). Aesthetics depends on the relation between form, function and beauty. These relations have been changing in time along with architectural styles. For engineers, function was always important because their structures always had an explicit function. Railroad stations were invented for travel and they always had to fulfill a number of purposes, including its main transportation function. Station design was a completely new task for 19th century engineers, as a new architectural form was required. In the past, the European and American train depots reflected qualities of architectural styles, and later became more standardized until a recent revival which has seen station buildings again become structurally, formally and functionally innovative.

Although aesthetics in relation to buildings has a long tradition, the aesthetics of engineering infrastructure has been discussed since the 1980's, mainly in aspects of bridge design (Kido 1995; Kido 1997). The aesthetics of railways can be defined as a balance between the exterior and interior of a station - between the architecture of the building, the engineering structure and transportation function – in consideration of its planning, layout, details and the context (Kido 2007; Kido, Cywinski 2014; Kido 2014). Other station functions need to be sensitively distributed and clearly distinguished from those that are purely transportation-related. A railway station should be seen in a broad sense – as a combination of a station hall, concourses and platforms with various facilities, engineering structures (bridges, tunnels), overhead lines, electrical facilities and trains. Aesthetic factors include visual criteria such as space (provides security and comfort), light (preferably daylight and top light – creating a secure environment and enhancing architectural features); scale (preferably large spaces with human–scale elements); and details of the railways. It should also embrace the landmarks, the brand design of the operator (e.g., marking station entrances, such as the Art Nouveau entrances at the Paris Metro), and even public art, commercial activity, advertising, etc. (Kido 2005).

Currently the implementation of aesthetics is being understood by the railway companies through their policies, including amenity improvement programs, new concepts of corporate design, and modern architectural designs achieved through the involvement of the well-known architects. Aesthetics and the economy have often been considered to contradict each other. Since the separation of architectural and engineering professions, some engineers believed that satisfying aesthetic requirements involved additional cost - however there are many examples of structures and buildings being beautify

2.2 Aesthetic factors of station design

Railway stations are important public buildings, which besides giving access to trains perform a variety of functions – as meeting places, shopping centers, and very often as urban landmarks. How the station affects the landscape depends on its function type. In theory there are several types, such as the suburban station, the city center terminal, the interchange, the small station, the airport station, and the LRT station - but nowadays stations have become more complex and fulfill more than one functional role. The complexity of contemporary stations is reflected in their spatial conception, which is a combination of a building with a train shed or canopies, concourses, and an outdoor environment.

The aesthetic station has to be clear, easily approachable and easy to understand, but at the same time it needs to provide a rich environment. Aesthetic factors of station design include objective qualities, such as size and scale, proportion, form and shape, space, visual weight, light, texture, color, composition, movement and rhythm, and details. Subjective evaluation of built form contains also image-based elements related to design context - the representation of the railway, brand design, landmarks features, and the inclusion of artistic elements. Aesthetic factors are also related to the distribution of the commercial role of the station, and to the treatment of advertisements.

Important factors necessary to fulfill this are a meaningfully designed building with sufficient space and clearance, easy access for passengers, commercial facilities which do not interfere with pedestrian corridors, advertisements that do not block railway information, guidance, and barrier-free.

The appearance of the building is very important. Some stations, which have outstanding buildings and their image-based elements are strongly related to their urban, historical, cultural, and social context, can be perceived as landmarks. That perception has historical background. The main railway stations in Europe were indeed landmarks, distinguished by their elaborated large forms and prominent location, since they were often facing the main street and had a plaza in front of the entrance. Space is an essential factor for a station because it must provide a room for the many people using it every day. The space in the station serves the purpose of allowing people move through it, to wait, to purchase tickets, to prepare before embarking for a travel and after arriving at the destination. Appropriate and well-designed space provides security and well-being. Light is necessary for a station to perform its function. At large stations, where the role of the architecture and structure is paramount, the admission of daylight can increase the expression of structure. Daylight in the daytime is preferable; therefore a provision of glazing increases the possibility of the natural light's penetration inside the station. Visual connections between platforms and concourses increases the amount of daylight passed on the platforms. Universal design can also attribute to aesthetic station by employing glass elevators, guiding lights, etc. Image-based elements include the design expressing the look of the railways or the image of train operators. The image of railways can be, for example, created through marking station entrances. The company logo, which is a part of the corporate design, has been redefined by many European operators and applied at station entrances, as an informative, decorative and signature element. Public art also plays a significant role in enhancing the image of railways. Railway companies understand the importance of introducing design and culture into stations. Art has become a part of cultural value of the rail brand design. It has been acknowledged that customers' satisfaction increases with better designed stations, comfortable waiting areas, clear information signs, and additionally with public artwork, cultural and community events, and with other activities that can enrich the modern concept of the experience of travel. Distribution of commercial function at the station and clear arrangement of station space in regard to its function are the key factors of relation between form and function. Retail is an important but secondary function. It attracts passengers and makes a station multifunctional, but it also needs to be properly distributed to prevent the station from possibly becoming a "department store" or a maze through which passengers cannot easily find their way. Advertisements can be also a part of the aesthetic design, if they are part of the design concept as well. It is important to maintain the balance between the size of the station and the amount as well as the dimensions of advertisements. Advertisements should be associated, if possible, with the context of the station environment, may have also a reference to healthy lifestyle products, culture, etc. – to enhance the value of the station image. Advertisements should be well integrated with station architecture, as the elements of interior design.

Except for station buildings and their spaces, there are also other elements in which amenity plays an important role in total perception of the aesthetics of railways: earthworks, such as cuttings and embankments – are necessary to adjust sharp curves or steep gradients of a route on natural levels; structures, such as viaducts, tunnels – enable shortcuts and straight sections necessary for the construction of high-speed railway lines; alignments – the routes upon which the trains travel and the tracks are constructed; and line equipment – such gantries and masts from which catenaries are suspended are difficult to be modified by the designer because of their fixed parameters. Railway tracks are important elements in the perception of the RL – for example bridges leading to the station, elevated structures and LRT tracks. They have a particular ability to improve the urbanscape. The book also discusses factors related to the appearance of the trains and their interior design, which attribute to the total image of the "Railway Landscape."

2.3 Aesthetics of the "Railway Landscape" seen from the train

Railways have a tremendous impact on landscape, and at the same time, while traveling by train the landscape seen in transition is a part of the landscape experience. The landscape is considered transitional when it is viewed from a moving train. Such a spectacle is defined by the speed, the restriction of the train car, and a distant interaction with the landscape that is perceived in transit. Passengers can enjoy going through beautiful parts of the country at a leisurely pace but it is more difficult to enjoy fine scenery from a high-speed train. The "moving landscape" seen from a high-speed train at a speed of about 300km/h, is flowing like a motion picture. In such a case the passengers' attention would be likely focused on inside of the train, which puts an importance on the interior design of the train cars.

3. Aesthetics of railway stations in Europe

The aesthetics of railway stations in Europe is discussed in an example of the recently built and renovated railway stations in Germany and France, which are the result of the "station renaissance" policies introduced by railway operators in those countries.

3.1 Railway stations in Europe

3.1.1 Objectives and Practice of the "station renaissance" in Europe

The "station renaissance" was initiated for the first time by railway companies in Europe in the 1980's as a response to the various challenges facing the railway sector, as a result of the technological potential of high-speed trains, and as a factor of urban renewal reflecting growing environmental concern. Thorne (2001) noted that railway architecture has been experiencing a "renaissance" since the 1980's and as a result station architecture has very much improved. French SNCF, German DB AG, and other European operators now place top priority on a renewal of their stations along with the technological improvements of trains and tracks. Due to railway planners today seeing trains as a part of a broad transportation network, and as stations are often connected with airports, bus stations and parking lots - they must respond to different requirements than before. In the past, stations were designed more for trains than for passengers. Today, according to the concept of the "seamless journey", designers try to make the travel experience more efficient by planning sophisticated stations, which include facilities arranged for ticketing, waiting, transfer and shopping. Railway architecture has become structurally, formally and functionally innovative, often reflecting the modern character of air terminals. To increase the appeal of railways, rail operators have been shifting the public perception regarding the role of railways to culture, sustainable environment, urban renewal, safety and efficiency.

3.1.2 Context Sensitive Design

The European approach has been close to the USA-invented "Context Sensitive Design" transportation planning method, which although mainly related to highways, considers development of a transportation system that takes into account quality of life, and which according to the Department of Transportation (DOT) is "*a collaborative, interdisciplinary approach that involves all stakeholders to develop a transportation facility that fits its physical setting, and preserves scenic, aesthetic, historic and environmental resources, while maintaining safety and mobility*" (http://www.fhwa.dot.gov/csd). In the USA, the development of CSD based on the awareness of the social and environmental impacts of infrastructure construction has been a gradual process. Subsequently, these environmental and aesthetic considerations were put into law. Inclusions of public awareness of aesthetics in comprehensive planning and design process, and the pursuit of aesthetics in guidelines, have also been important features of European CSD-like approaches in relation to roads, railroads and stations. The scope of "Station Renaissance" includes the construction of new stations conceived as part of urban development projects and station renewals. The objectives comprise: aesthetics (ecological, simple forms, harmony of materials and colors); high architectural quality; integration with the surroundings; railway brand-design; access and interaction between platforms as well as with the building and the street; safety; and respect for past values. European operators are trying to streamline their management by outsourcing maintenance and infrastructure of non-core business, and to specialize in operations business, the very core business for rail companies.

3.2 Railway stations in Germany

In Germany, national railways *Deutsche Bahn AG* were privatized in 1994. In 2011 DBAG was divided into five main operations groups: Arriva, DB Bahn, DB Dienstleistungen, DB Netze, and DB Schenker. These subsidiaries are companies in their own right, although most of them are 100% owned by DBAG. Among them, DB Stations & Service, belonging to DB Netze, manages passenger operations and stations. Since 2007, DB Netze is responsible for infrastructure and operations. Its business areas include DB Netze Fahrweg, DB Netze Energie, DB Netze Personenbahnhöfe, DB ProjektBau and DB Station & Service. This new strategy provides a framework approach that brings economic, social, and environmental issues together in order to ensure sustainable company success. The development and improvement of railway infrastructure is subsidized by the EU, federal government, states and urban districts.

"Station renaissance" policies have been reflected in the DB comprehensive station development program, which has three goals - quality, economy and branded product - realized through modernization and refurbishment of station buildings, concourses and facilities; adjustment of platforms for high-speed trains; and implementation of new corporate design (graphics, platform furniture). The concept of corporate design is realized through the reliance on aesthetics, overall unity and diversity of elements. Immediate measures include the "3 S Program" that pursues "safety", "super cleanness" and "service" (consumer-oriented information system, various provisions for children, as well as travel and service centers). Through the concept of "Forum Station", a station fulfills a function of a stage for public life and attraction. DB emphasizes the importance of offering the customer aesthetic experience – something that previously was disregarded – through architecture and interior design. Due to the decentralization of planning systems and railways - private initiatives and local communities can practice CSD by being involved in station-related projects. The current "DB 2020 Strategy" program is based on three dimensions: customer and quality (long-term enhancement of the attractiveness and value of stations – expanding accessibility and improving the overall appearance of selected stations, development of passenger information services and the creation of customer-oriented control systems to increase satisfaction); profitable growth; top employer; and eco-pioneer (the "green station" concept will be implemented at the stations in Kerpen-Horrem and Lutherstadt Wittenberg).

"Station renaissance" policies have been successfully realized in renovation projects (Berlin Ostbahnhof, Leipzig Hbf, Dresden Hbf) and in the new projects (Berlin Hauptbahnhof, Bahnhof Potsdamer Platz), as well as at the airport stations for high-speed trains (Frankfurt Fernbahnhof, Köln-Bonn Flughafen Bahnhof).

One of the earlier successful projects was the renovation of Leipzig Hbf (1997). The design was selected through a competition and realized through the collaboration between the DB, private investors and the local government. The concept relied on the combination of tradition with modern architecture, openness of the station hall and provision of daylight in the manner of the airport terminals. A new vertical development was conceived as a 3-floor market place "Promenaden. This spectacular project brought a revitalization of the inner city of Leipzig and was a stimulus for further railway station projects in Köln and Hanover. Dresden Hauptbahnhof (2006) has also undergone a comprehensive reconstruction. British architect Sir Norman Foster was commissioned to undertake the renovation and expansion of the station. Part of the project has been a reconstruction of the 30,000m^2 roof, which was restored and sheathed in a translucent glass fiber. The train shed has also been covered with a new fiber roof. A new urban station – Berlin Hauptbahnhof (2006) consists also of a large, 321m-long glass-arched shed and of a 180m-long and 27m-wide station hall framed by two separate 46m-high buildings for retail, offices, hotels and services. The design of the station was developed under the strategies of Berlin's land use plan and selected through a competition won by the architectural office of Oswald Mathias Ungers & Partners.

Current station projects include the controversial "Stuttgart 21" (completion planned around 2020), which involves the replacement of a historical terminal – Stuttgart Hauptbahnhof and construction of a new station underground. Among others, five stations were constructed in recent years on the new ICE line – New Cologne–Rhine/Main line: Frankfurt am Main Flughafen

Fernbahnhof (2000), Köln/BonnFlughafen Bahnhof (2003), Bahnhof Limburg Sud (2003) connecting the Lahn area of Western Hesse; Montabaur Bahnhof (2002) connecting Koblenz, the capital of Rhineland-Palatinate in the Rhine Valley; and Bahnhof Siegburg/Bonn (2002) connecting Greater Bonn. Osnabrück Hauptbahnhof concourse has been modernized (2012). Bahnhof Greifswald has a completely renovated station building (2012). New airport stations, such as Frankfurt Fernbahnhof Station and Köln/Bonn Flughafen Bahnhof represent new types of European air terminal railway stations, where design is selected through a competition and is characterized by impressive architecture, admission of daylight to the platforms, use of lightweight steel and glass, and colorful lighting.

3.3 Railway stations in France

In France, railways have also gone through the process of restructuring, particularly by splitting-off infrastructure and operation. Railways are decentralized and local authorities have the capacity and control over the planning and financing of local rail transport. State subsidies are not given directly to railway operators but to regions and regional transportation organizations, such as STIF (*Syndicat des Transports d'Ile-de-France*) in the Ille-de-France.

The SNCF (*Societe Nationale des Chemins de fer Francais*) operates the country's national rail services, including the LGV, France's high-speed rail network. Its functions include operation of railway services for passengers and freight, as well maintenance and signaling of rail infrastructure.

Before reforms in 2015, SNCF consisted of five divisions: SNCF Infra, SNCF Proximités, SNCF Voyages, SNCF Geodis and Gares & Connexions. French Infrastructure Authority RFF (Réseau Ferré de France), which since 1997 has been operating national infrastructure, was responsible for nationwide rail development, including construction of new LGV (*Ligne à Grande Vitesse*) lines based on plans jointly programmed with SNCF. On 1 January 2015, RFF merged with SNCF Infra and the DFC (*Direction de la Circulation Ferroviaire*) and became SNCF Réseau. Since 2015, SNCF consists of three groups - EPICs: SNCF EPIC (strategy), SNCF Réseau EPIC (management and construction of the rail network) and SNCF Mobilités EPIC (transport of passengers and freight). Five business divisions include: SNCF Immobilier, SNCF Réseau, SNCF Voyages, Keolis and SNCF Logistics. SNCF Voyages responsible for rail travel has units related to train operation (Transport Express Regional: TER, Transilien, Voyages SNCF and Gares & Connexions). Gares & Connections was created in April 2009 for station management, land management, and land development in France. The division manages 3000 stations in France, as well as multidisciplinary operations – buildings and outfitting facilities through Groupe AREP (civil engineering), Groupe A2C (real estate management) and Parvis.

SNCF have expanded their "station renaissance" policies since 1990's, through strengthened corporate design, vigorous station renewal, and the introduction of a new type of amenity combining transportation function with city services, such as recreation and retail. SNCF introduced certification for stations comprising 45 criteria, including aesthetics. A new CSD-like approach along with new design based on an "Station Organization Plan" – a comprehensive plan for intermodal transport and commercial development – has been implemented at the new and modernized stations designed by the SNCF's Station Design Office.

According to the policies of refurbishment, many stations have been modernized, and among them are the main terminals in Paris: Gare d'Austerlitz (1989), Gare Montparnasse (1990), Gare du Nord (2001), Gare de'l Est (2007), Gare Saint-Lazare (2012), Gare de Lyon (1994; 2013), and many other projects are currently ongoing. While station renewal was based on careful studies on historical architecture, new stations, particularly for the TGV (*Train à Grande Vitesse*) trains, such as the Lyon's Gare de Saint-Exupéry TGV (1994) or Gare Lille-Europe (1994), have been designed as innovative buildings with an airport terminal-like image due to expressive, light-weight structures. The Lille-Europe Station with outstanding architecture was conceived as part of a larger urban project of a new city business district Euralille, which was realized through the collaboration on the basis of Public-Private Partnerships (PPP). The project of the station consists of a building that has included station hall, concourses and platforms under the one roof thus being very clear and easy to comprehend. Lille-Europe Station designed by the SNCF architect Jean-Marie Duthilleul resembles a classical train shed made from a modern, transparent and lightweight structure with a curved roof and glass walls. Another new station – the Gare de Saint-Exupéry TGV (1994) in Lyon, designed by architect Santiago Calatrava, has been composed of a concrete roof structure covering platforms and a central "glass and steel bird" framework rising over the station hall. Particularly new developments were concerning new TGV stations, such as Valence, Avignon and Aix-en-Provence (2001), as well as many other new stations, which are planned or under construction or have been built along the prolongation of the LGV Atlantique route from Paris to Tours, the extension of the LGV Atlantique from Bordeaux through to Spain, new LGV Est from Paris to Strasbourg (2016), the extension of the LGV line that currently runs from Paris to Le Mans, through to Rennes, also the LGV Est from Villers-les-Pots (to the East of Dijon) to Petit-Croix (2011). Groupe AREP designed many new stations, including TGV stations and renovated historical terminals. Among new stations are: Gare de Champagne Ardenne TGV (2007), Gare Bezannes (2007), Gare Meuse TGV Voie Sacrée (2007), Gare Bellegarde TGV (2009), and Gare de Besancon TGV (2011).

The recent development of stations in France includes design and construction of new ones such as: Gare Lorraine TGV, Jean Macé Gare in Lyon (2011), Gare Pompadour (RER Line D) (2013), and Rosa Parks Station (RER E) (2015). Many historical stations required renovation and also extension to fulfill contemporary functions. Among the stations renovated in recent years were already mentioned terminals in Paris, as well as: Gare de Strasbourg (2007), Gare de Marseille St-Charles (2007), Gare de Vichy (2008), Gare de Perpignan (2012), Gare Bruxelles-Schuman (2015), Nice Thiers Multimodal

Hub (2015), and Gare Juvisy-sur-Orge (2017 uc). Renovation projects have been based on careful studies and respectful approach to modern intervention in old structure, which was reflected in the choice of materials and the coherence that extends to every aspects of the restoration program. The design of historical stations complied with the SNCF policies in regard to historical restoration has been included in "Station Organization Plan" and provided barrier-free access.

Another public operator – RATP (*Regie Autonome des Transports Parisiens*) – which is responsible for the public transport in Paris, has been a successful urban player concerned about an influence of stations on urban culture, working with urban planners and local residents (Kaminagai 2001). RATP's CSD-like approach has been reflected in its "renaissance" policies, such as station planning and renewal in accordance to urban planning with public involvement; harmonization of transportation network based on the unified basic concept and individual design for particular station; "Cultural Program" for "cultural stations" – consideration of cultural heritage at "station–galleries", cultural events, installation of public art and transformation of selected stations according to popular theme, such as "Europe", "Sport", etc. At the Paris Metro, the RATP has shown considerations of form and scale, based on the conviction that generous underground space and aesthetic arrangement allow for visual continuity from entrance to platform. It has been achieved through provision of the large central distribution halls, natural light and huge colored luminaries (e.g. interchanges of the RER and Metro). Design has been integrated throughout the network, based on the precise rules for station names, colors of walls, signs, and advertisements that have been regulated in terms of fixed size (3.0m x 4.0m) and appearance.

A visible example of developing "station renaissance" is the growing network of the LRT. The book shows examples of LRT in Paris and Strasbourg. LRT has effectively improved urban transport. The results of these projects were better, newly redesigned roads, aesthetic stops and terminals, and as well as new greenery.

3.4 European stations - conclusion

In general, in Europe since 1980's has been shown interest in urban renewal which was assisted by decentralization of planning and privatization of railways, which had a strong impact on station design that reflected a sensitive approach with the CSD qualities. Station projects realized as a part of urban development through the collaboration with communities, and in consideration of landscape and aesthetics, have greatly improved urban amenities and efficiency of railways. In France, railway station development projects and the TGV projects have been part of urban renewal rehabilitating city centers – on which administrative power was shifted to local government and the office of mayor. In the United Kingdom, a practice known as PPP (Public-Private-Partnership) indicating separation between operation and infrastructure, has worked towards enhancement, modernization of stations and better design of new stations, as it has been seen at the Jubilee Line Extension. In spite of separation of operation and infrastructure in France, Germany, UK and other European countries, there has been a trend of the "operation unity" in station development projects.

In Europe, local governments have been executing landscape law. In Germany, local government established Nature Conservation Law in 1979, Landscape Program (*Landschaftsprogramm*) in 1994. Each city introduced its own regulations, for example Berlin listed in 2003 its objectives and solutions to improve the landscape in the "Berlin Local Agenda 21." Railway stations have become the subject of the law. Railway stations have been also the theme of public debates. Berlin Urban Development Transport Plan (STEP Transport, 2003) has been promoting cooperative decision-making at neighborhood, district and city levels, through attractive info-centers, workshops, panels, and debates. Railway station designs have been often selected through the competitions. Competitions for city planning, such as the "Scene City" in Berlin (2003) or "Centre Euralille" in Lille (1988) included new stations. Well-known architects have been involved in master plans and station projects.

Typical features of European station design include: high value of culture and history preserved at the stations, original station buildings, incorporation of new functions, fusion of modernity and tradition, new design reflecting local tradition and culture, regional characteristics, unified design through the network and distinguished features of particular lines, extensive use of modern materials including glass, which is also used for elevators and stairs, giving a clear view of the station space, admission of daylight, large and clear entrances including underground stations, lightweight structures, station platforms and halls under one roof, landmark stations, commercial function clearly distinguished and separated from transportation, higher ceilings, smooth flow of passengers and easy to comprehend station space, public art at the stations, LRT tracks and stations integrated with urban design and streetscape, participation of architects in station design, and popularity of design competitions.

4. Aesthetics of railway stations in Japan

4.1 Stations designed by the East Japan Railway Company

Japan National Railways have been privatized and divided into seven companies in 1987. Currently, the Japan Railways Group consists of seven operating companies, including six passenger operators. Unlike in Europe, Japanese railways are divided by regions, not by operation and infrastructure – therefore they are expanding their profits also from related business fields. The East Japan Railway Company (*JR Higashi Nihon*), abbreviated as JR East (JRE), is operating in Tōhoku and Kantō area, including Tokyo and Kōshin'etsu. JR East has been promoting "station renaissance" since 1990s with the aim to attract more customers by improving railways through better services and attractive appearance of stations.

The "New Frontier 21", formulated in November 2000, as JR East Group's medium-term management plan, defined a "thorough customer orientation" as an important objective. One of its strategies – "station renaissance" – is a program which recognizes the stations used by around 16 million customers per day as important management assets, and conducts zero-based reviews and reallocation in a thoroughly customer-oriented manner. The scope of the "station renaissance" has included refurbishment of existing major terminal stations with more than 200,000 p/d according to "Cosmos Plan" (Ueno (2002); Shinagawa (2004); Ōmiya (2005); Tachikawa (2007); and Tokyo (2013)). The refurbishment of Ueno Station in 2002 was the first project within "station renaissance" program, and began with the improvement of the station's exteriors and restrooms, followed by the renovation of its grand concourse and installation of new commercial facilities – the Atré Ueno. The historical modernist building of 1932 was preserved and the station hall was completely refurbished – glass roof was added and a hall was connected with new concourses with food and retail. Many new elements, such as artwork that emphasizes the location and history, have been installed. This has completely transformed the previously gloomy image of the station. Along with Ueno Station and Shinagawa, the most representative renovation project has been Tokyo Station. The renovated and developed Tokyo Station also realizes a new concept of a conglomerate "station city". On the Marunouchi side, a red brick "Marunouchi Building" has been demolished and restored again to its original shape from before wartime damage and in consideration of new seismic standards – and it symbolizes the past (2012). Original bricks and stones have been re-used. Third story was added and octagonal domes have been rebuilt into original form. In the interiors, relief decoration was restored and existing structure was utilized. Huge glass canopy was built to mark the entrances. The surrounding area is being converted into a station square giving more space for pedestrians and extending towards wide walkway to the Imperial Palace. On the Yaesu side, the "Sapia Tower" with offices, "Hotel Metropolitan Marunouchi" and conference facilities, and the "GranTokyo" twin south and north 200-meters high-rise towers designed by Helmuth Jahn, housing "Daimaru department store", were completed in 2007 – and they symbolize the future. Central part on Yaesu side have been replaced by a lower structure than before, with a 240-meter-long pedestrian deck under large dynamic and airy canopy covering outdoor and loading areas and of 10,700 m^2 plaza (2013). The deck designed by architect Helmuth Jahn is covered by a huge white roof – "GranRoof" – that resembles a sail. Shops have been positioned along the deck overlooking a spacious plaza. Transportation facilities combined with "Ekinaka" business, hotels, offices, commercial and educational/research functions, all of which have long tradition and innovativeness, Tokyo Station play a prime role as a core facility in the city plan.

Renewal and construction of more than 360 urban stations, serving more than 30,000 people/day, has been realized under the "Sunflower Plan". Under the plan, the JR East carried out since 1997 few hundred development projects, including for example such stations: Mejiro (2000), Yoyogi (2000), Hashimoto (2001), Ōsaki (2003), Kawagoe (2004), Nippori (2009), Hachiōji (2010-12), Akabane

(2011), and Sakuragichō (2014). Some new station buildings with office space and shopping centers, such as Meguro Station (2002), containing JRE and Tōkyū Corporation (*Tōkyō Kyūkō Dentetsu Kabushiki-gaisha*) lines, have been constructed as a result of joint ventures between the railway operators. The JRE has been continuously modernizing its station spaces and putting a lot of attention on development and restructuring of retailing and restaurants. On the top of company's activities is promotion of cultural events, such as exhibitions and concerts held at Tokyo Station. Improved facilities using IT technology such as "Suica", the development of station buildings such as "Atré" and "Ecute", and the evolution of the "Ekinaka" business have completely transformed stations from places that people visited solely to take or change trains to one where they can meet, enjoy shopping or do many other things. "Station renaissance" program is still under implementation. Revitalization of existing retail venues, renewal of retail zones, opening of new shopping centers and remodeling are important non-transportation operations. Among other projects, the JR East plans to enhance the competitive strength of the "Station Space Utilization" segment by applying "station renaissance" program at Oyama and Kichijōji Stations and by raising appeal of other railway stations.

Among recent projects strengthening local communities are "JR Kanda Manseibashi Building" (2013), and a river-front deck "mAAch Ecute Kanda Manseibashi" (2013), located on the site of former Manseibashi Station. In close cooperation with local communities, other development projects using local resources are also under way, such as for example the conversion of a station building into a hotel. "Hotel R-Mets Utsunomiya" guides customers to surrounding tourist spots by utilizing local resources, such as interior décor using local *oya* stone and displays of prefectural traditional handicrafts. City planning around the station, including the construction of station forecourt and service roads requires co-operation with local governments and communities, therefore station can maintain close links with local communities.

Since the beginning of "station renaissance", new Shinkansen stations have been also designed in cooperation with local governments. Examples include stations on the Yamagata Shinkansen (1999) – Akayu (1993), Yamagata (1992), Tendō (1999), Sakuranbo (1999), Murayama (1999), Ōishida (1999) and Shinjō (1999). Local stations have been designed in regard to their location, use and influence on the growth of the cities (e.g. Akayu Station; 1993, arch. Edward Suzuki). Since 2000, "station renaissance" has focused for about a decade upon maximizing the value of the stations by implementing zero-based reviews of the layout of their existing facilities while in the process of transforming them into barrier-free and earthquake-proof station buildings. Following the completion of this task, and in view of changes in the social environment (such as a decreasing and aging population), accompanied by the increasingly high standards expected of railway networks and stations by local communities, the JRE put more focus on "*machi-zukuri*"– a city planning in cooperation with local communities and joint projects. For example, Shinjō Station designed by architect Kazumasa Yamashita, employed the concept for a new station assumed to move from the image of a "*modern, functional and simple*" object towards the "*individually styled*" one. Thus the new building having large steel-glass façades and similar entrance roofing is based upon the symbiosis of man and nature, and on the meeting of local challenges. It employs various shapes of solids made of steel and glass. The station building embodies a convenient interior space, lodging a spacious station hall, waiting rooms, and local administration facilities, as well space for public and private use, including shops. There is also a station garden inside an atrium and a parking lot enabling to apply the efficient "Park&Ride" system.

Another high-speed line – Akita Shinkansen – includes the following stations: Morioka (1997), Shizukuishi (1997), Tazawako (1997), Kakunodate (1997), Ōmagari (1997), and Akita (1997). The design of Tazawako Station by architect Shigeru Ban was based on the principles of simplicity of structural configuration and exterior elevation. The structure consists of pre-cast concrete pillars covered with a slightly curved vaulted roof. The façade has been composed of glazed wall and 26 pre-cast concrete pillars. The glazing provides a spectacular view from the station of the surrounding mountains. The building has been built partly of concrete and partly of wood - in the interior, wood has been used as a finish material particularly for the floors, ceiling and walls. Except for the transportation function, the station has also been an exhibition for local tourist attractions, information, and cinema.

The Nagano Shinkansen (between Takasaki and Nagano) was built in 1997 and extended in 2015 to Kanazawa, as the Hokuriku Shinkansen, which is jointly operated by the East Japan Railway Company and the West Japan Railway Company. Except for Kanazawa Station (2005), which was built earlier as a very exceptional building, and Nagano Station that was rebuilt, other stations have become completely new facilities (Iiyama, Jōetsumyōkō, Itoigawa, Kurobe-Unazukionsen, Toyama, and Shin-Takaoka), which were opened in 2015. Ueda Station has traditional motifs on the elevation; Nagano Station has been also rebuilt using motifs of temple architecture inspired by the famous Zenkō-ji.

The Tōhoku shinkansen is connecting Tokyo with Aomori. Connection to Hachinohe was completed in 2002; in 2010 the line was extended to Shin-Aomori, and in 2016 to Shin-Hakodate-Hokuto – as a first section of the new Hokkaido Shinkansen (2016).

Two new stations on Tōhoku Shinkansen were opened – Shichinohe-Towada and Shin-Aomori. Hachinohe Station (2002) was developed under the "Sunflower Plan" and closely related to neighborhood development projects undertaken by national government and local municipalities. According to Tsuchihashi (2003), such stations have been characterized by two techniques: a construction of a free corridor (*jiyū tsūro*) connecting both sides of the station in order to prevent local areas being dissected by tracks, and provision of facilities, such as meeting halls, civic plazas, or local product museum, etc., organized at the station to reflect the character of local community and to attract local residents. Hachinohe Station is connected on both sides of the railway through such a corridor.

- 149 -

The new "Metz Hotel" has been also constructed next to the station, resulting that the station-hotel facility serves as both a shinkansen terminal station and as a site of local everyday activity. The station has achieved a unique spatial composition in response to local conditions, weather and the need to have an over-track station. The characteristic feature includes integrated platforms and a concourse. The platforms are covered by a large shelter of more than 300 m long and shaped like an elliptic cylinder, creating a unique, continuous space.

Comparing with older Shinkansen stations, those on newer lines such as Akita Shinkansen or Hokuriku Shinkansen have acquired more original designs. Railway companies and local governments started to construct stations jointly; therefore municipal facilities have been often located at the railway station. Among these, there were stations designed by outside architects, which while applying original design, have strengthened their public nature and explored their commercial side. Also stations on the local lines and at local cities have displayed in recent years departure from standard design towards more original and showing local characteristics and inclusive planning approach. The book describes local stations, starting from early example of Hotto Yuda (1989), which includes a spa (*onsen*), through the Iwaki-Hanawa Station (1996), which was designed by architect Kuniaki Ito and contains facilities for local residents including library, and other stations, such as: Yabuki Station (1995; arch. Izumi Shibata), Hitachi-no Ushiku (1998; arch. Masaya Fujimoto), Akatsuka (1999), Saitama Shintoshin (2001; arch. Edward Suzuki), Ryūō (2008; arch. Tadao Ando), Hōshakuji (2008; arch. Kengō Kuma), and Hitachi Station with a free corridor (2011, arch. Kazuyo Sejima). Not only the East Japan Railway Company but also other JRs and private companies have been improving design. Examples of the most outstanding stations come from Hokkaido – Iwamizawa (2009; arch. Hiroshi Nishimura) and Asahikawa (2011; arch. Hiroshi Naitō).

One of the problems of Japanese stations, which the East Japan Railways and other operators wanted to address through their "station renaissance" policies, is associated with ambiguous information signs, which are confusing particularly in light of increasing demand for "barrier-free" and "universal design". Following privatization, JRE revised the "JR East Sign Manual" created in 1990 and has been improving in-station signs ever since. Since 2002, the JRE commenced a survey to obtain clues in order to achieve "*comprehensive station design for improved amenity*", in which station amenity has been understood as a combination of three elements: smooth flow, dissemination of appropriate information, and comfortable environment. Such surveys conducted by railways have been helping to improve station environment. At first, signs were improved at Ueno in 2002, and then in 2003 JRE created plans for improvement of in-station signs at major metropolitan stations. Sign improvements by all JR operators played a significant role not only in terms of support of smooth flow of passengers, but also in terms of creation of good station environment and establishment of the corporate identity of each of the JR companies.

4.2 Stations designed by the Tokyo Metro

Tokyo Metro (*Tōkyō Metoro*) was launched in 2004 after the privatization of the Teito Rapid Transit Authority (TRTA; *Eidan Chikatetsu*) that was established in 1941, as a descendant of the private operator – the Tokyo Underground Railway Company (1920). Tokyo Metro is operating and managing underground railways in Tokyo and it is also profiting from other activities, such as buildings, stations and media businesses. The former TRTA's company logo was "S"-shaped and represented "safety", "speed", "security" and "service". Tokyo Metro has changed this logo into the hearth -shaped "M" letter on the bright blue background that stands for "Metro", the French word for "subway" and expresses new company's philosophy – the "power to make Tokyo run."

Tokyo Metro, which is currently operating nine lines, has its "renaissance" policies for better design aiming for "high-quality, amenity, totality", and has been gradually improving its stations and building new lines. Although function and engineering soundness seem to be the priorities of station design, attention is also put on aesthetic design. Four stations have been chosen as the "Top 100 stations in the Kantō Area": Asakusa on the Ginza Line, Tameike-Sannō on the Ginza and Namboku Lines, Kōrakuen on the Marunouchi and Namboku Lines and Ginza Station on the Ginza, Marunouchi and Hibiya Lines. Along with the programs – "Metro Refresh S Program" and "Good Station – Good Metro" many stations have been renovated and refurbished. Some stations have been refurbished as "thematic stations" – e.g., Kōrakuen and Myōgadani on the Marunouchi Line. Toilets have been improved at many stations and installed facilities for disabled or handicapped persons, including elevators. In April 2004, two pilot stations at Ginza and Ōtemachi have been furnished with new information designs based on two colors – yellow and blue. Later this design code was adopted at other locations. Special attention has been given to station entrances, since they mark not only important points on the transportation network but also are significant from the urbanscape point of view and they may advertise the rail operator. Such distinguished entrances have been built for example at the Roppongi Hills, Omotesandō, and at the Echika Ikebukuro.

Many nicer stations have been newly built, for example of the Hanzōmon, Namboku and Fukutoshin lines. New stations were opened in 2003 on the section of Hanzōmon Line from Suitengūmae to Oshiage, providing direct connection between Shibuya and Oshiage. On the other end of the Hanzōmon Line, the through services have been provided since 1978 with Tōkyū-Shin-Tamagawa Line to Futako-Tamagawa and extended to Chūō-Rinkan via Tōkyū-Den-en-Toshi Line. Stations on Den-en-Toshi Line have been modernized; some have been newly constructed underground, such as Meguro and Den-en-Toshi stations. In 2003 started reciprocal through-service with the Tōbu-Isezaki and Nikkō Lines (to Minami-Kurihashi). Kinshichō Station has been located on the stretch of line completed in 2003. The walls at the station platforms and in front of the automatic entrance gates (*kaisatsu-guchi*) have the panels with Japanese traditional wood-block prints. These elements have been coordinated with the panels on the walls at the platforms.

Kiyosumi-Shirakawa Station located also on the new section completed in 2003, has colored panels on the walls along tracks and lighting different from standard type used at older subway stations. Such an individual approach to each station makes them more interesting, more associated with their place and more enjoyable for passengers.

Regarding the Namboku Line, the Komagome-Akabane-Iwabuchi section was opened in 1991 with platform doors at all stations. In 2000 was completed the Meguro-Tameiko-Sannō section and the connection from Meguro to Akabane-Iwabuchi. In the same year began reciprocal service with Tōkyū Meguro Line (to Musashi-Kosugi). In 2001 started a reciprocal through-service on the north, with Saitama Kōsoku Line to Urawa-Misono Station. Namboku Line no.7 was designed according to the concept of "high quality, amenity and totality". Automatic doors have been adopted at the platforms. Each platform design was intended to express station identity through the use of motifs on the walls, using a combination of colors with one dominating "station color" (six colors have been applied in sequence), design motif at the "media walls", and the "art walls".

The newest Fukutoshin Line was under construction since 1994 between Shibuya and Wakoshi in Saitama Prefecture. The stations on the new segment of 8.9 km opened in 2008. Design of each of eight new stations – Ikebukuro, Zōshigaya, Nishi-Waseda, Higashi-Shinjuku, Shinjuku San-chōme, Kita-Sandō, Meiji-jingūmae and Shibuya – has been by no means also economically-oriented, but aesthetic considerations have been taken into account as well. The space has been restricted for a new line in the center of congested Tokyo but still some larger spaces at the concourses and higher ceilings above the escalators have been constructed. A particularly accomplished station is Shibuya Station, designed by renowned architect Tadao Ando. The oval space stretches 80 meters and is about 24 meters wide, and the middle is an open oval space between the third to fifth underground levels. The escalator also has an original design – the ceiling has been raised and shaped in waves to make passengers feeling less confined while descending to the trains. Other design features of the Fukutoshin Line stations are: design theme and color coordination for each station, modern transparent platform furniture, and art walls installed near the automatic gates.

4.3 Stations designed by the Yokohama Minatomirai Railway Company

Particularly successful are stations on the Minato Mirai Line *(Minato Mirai sen;* MM Line*)* in Yokohama (2004), which feature good details and express conceptual links with the aboveground environment through the provision of large spaces designed with local context. The line, which was opened in 2004, consists of six new stations (Yokohama, Shin-Takashima, Minato-Mirai, Bashamichi, Nihon-Ōdōri and Motomachi-Chūkagai). Along the route of 4.1 km, running through the representative districts of Yokohama, three stations are in city center which has a long history from the age of the opening of Yokohama port, and two are located in Minato Mirai 21 – a new futuristic center of the city.

Characteristic features are more spacious halls and concourses than usually are in metropolitan subways in Japan and good accessibility achieved through the universal design. The concept of MM Line stations was to express changes in thinking from conventional functionalism of simply processing passengers quickly – into more complex approach of creation spaces for interest and pleasure. This philosophy provided the basis for the adoption of the large vault and dome spaces (at the Minato Mirai and Bashamichi stations a diameter is 12.5 m, while at Motomachi-Chūkagai Station a diameter is 10.0 m). The platform and track width take up almost the whole road area and size is not simply set according to the projected number of passengers but also according to the aesthetics. Furthermore, the stations are located considerably deep and each one was constructed in an open-cut excavation method, therefore there was a comparative degree of freedom in selection of the structural frame. Even so, in similar circumstances in consideration of cost balance, a box-frame structure is normally adopted. However in the case of MM Line, in order to secure the highest possible ceiling height and the largest possible volume, the vault and dome spaces consisting of continuous arch structures were set as a structure. These large spaces have been authorized within the engineering design and developed in architectural detailed design. Renowned architects were involved in the design – a different architect for each station: Kunihiko Hayakawa (Minato-Mirai Station), Hiroshi Naitō (Bashamichi Station) and Tōyo Itō (Motomachi-Chūkagai Station). Structures were designed with the purpose to achieve comfortable architectural spaces. Colors have been used not only as an aesthetic accent reflecting design concept, but also as a guiding tool. Stations have been equipped in escalators, elevators and original furniture. Works of art become also a part of the interior design.

4.4 Japanese stations - conclusion

Similarly to Europe, the "station renaissance" has been carried out in Japan by the rail operators. Here, the policies of re-inventing the travel by rail have been introduced since the 1990's. At the JR East, a new approach was reflected the existing station improvements and design of new stations. Large-scale modernizations have been carried out at the large metropolitan stations, such as Ueno, Shinagawa, Shinjuku, and Tokyo. They included extension of station spaces and new interior design.

At the local stations, the design has been carried out often in cooperation with local governments. To provide necessary services, station buildings included public spaces such as community halls, offices, libraries, nurseries, and civic plazas. Some high-quality station buildings with outstanding architecture became also the local landmarks. Architects from outside rail companies were often involved in such plans. Their involvement influenced interesting designs. However it has been difficult to achieve a total design – from the station entrance to the platforms – even by architects – because of the division in labor system and difficulty in collaboration between engineers and architects.

The concepts for the stations on the newer subway lines, such as Namboku and Hanzōmon, brought stunning results comparing with conventional stations. However, even in those cases there is not such a unity of architecture through the entire route that can be seen at the new European subway lines, such as the Paris Metro Line 14. The Minato Mirai Line has been very successful in Japan. At these stations, architects involved in the design provided spaces which are already the result of structural design. Also the above ground characteristics have been reflected in the underground, and the design has been unified from the subway entrance to the platform. However, even at the Minato Mirai Line, the architects were invited at the latter stage of design, after the distribution of spaces has been procured in engineering design. Therefore architects could not shape the volumes from the beginning; they could only organize spaces and transform them into stations.

Since in Japan design control is not so strong, in reality the aesthetics of each station, after the project is completed, depends on the station master and it reflects his aesthetic taste. In general, though there are examples of good stations designed by the JR East, Tokyo Metro, Yokohama Minatomirai Railway and other operators, there is a need to popularize aesthetics of railways more, and to undertake new policies, to enable the majority of stations to accomplish and maintain aesthetic design. The consensus-building process should have been shortened, as well as the station planning process, through making all parties involved understand that railway stations are important public facilities shaping Japan's urban and natural environment. The design process should be less lengthy and should include more professionals from various fields and local communities, station developments should be linked with urban development plans, to assure the "Context Sensitive Design" process leading to better design.

5. Challenges of station design in Japan – comparison with Europe

5.1 Comparison of basic elements of the station design

Distinctive elements of station design include: station building and the entrance, station hall and concourses, platforms, advertisements and information signs. Basically in Japan there are more users at the large urban stations therefore the organization of the station spaces is different than in Europe.

Station building and entrance

In general, many stations in Japan have been designed solely for a functional purpose – to direct the flow of passengers. As a result, architecture became standardized and its quality was not too high. Later, shopping malls and department stores at the station became popular. Finally, the "station renaissance" led to various initiatives of designing more attractive spaces in new multifunctional station complexes. The first station with an original design was Kyoto Station (1997) designed by the architect Hiroshi Hara. There are mainly four-aspects of good station building design: (1) potential

- 154 -

landmark quality, (2) design expressing the uniqueness of the location and region, (3) easy-to-understand functions and clear entrance to the station building, (4) clear entrance to subway station, and (5) sufficient space secured in front of the station, station plaza.

The characteristics of Japanese and European stations in these aspects include the following:

(1) Urban landmark character of terminal station

Currently in Japan stations are often playing the role of a gateway to the city and they become urban landmarks, for example Kanazawa Station (2005). Such stations express the identity of particular location. In Europe this is an important aspect in station design (e.g., Gare de Liège-Guillemins; 2009; arch. Santiago Calatrava).

(2) Station expressing the uniqueness of the location and region

Many of the Japanese station buildings built in the post-war period are economically-oriented and their design is standardized, for example Sakata Station (third-generation station building; 1960). The building of Sakata Station has large advertisements on the elevation and its connection with the region is expressed mainly by the monument in front of the station. However, in recent years have been also built original local stations, which express the local context in their design concepts (e.g., Yamagata, Nagano, Akita and Hokuriku Shinkansen stations). In Europe, stations often reflect the characteristics of the surrounding (e.g., Dessau Hauptbahnhof; 2010).

(3) Clear entrance to the station building

Clearance of the entrance is an important factor for people occasionally coming to a particular station. In this regard, in Japan at the large metropolitan stations it is often difficult to find the entrance (e.g., Ikebukuro Station). On the other hand, a typical example of a European station – (Freiburg Hauptbahnhof) shows that it is easy and comfortable for passengers to understand such station. In Japan the difficult obstacle is to secure the necessary land for the station development and improvement of the building layout.

(4) Clear entrance to the subway station

The entrance to the subway station can be in a separate station building, inside other buildings or just by staircase, without the building. It is important to make the entrance aesthetical and visible. In Japan the entrance is not sometimes distinguished, but there are also cases that it has a special design. One of distinctive entrances is at the Iidabashi Station (arch. Makoto Sei Watanabe; 2000), where it has an original design of the spiral web. The entrance can be also marked by a large glass canopy, such in the case of the Canary Wharf Station in London (1999; arch. Sir Norman Foster).

(5) Space in front of the station, station plaza

It is important that a space in front of the station – e.g., station plaza, is the effect of the urban planning and design. In case of the Den-en-Chōfu Station, a station plaza at the center of the radial pattern emphasizes the location and the importance of the station building. In Europe station squares are usually spacious and they are important urban plazas (e.g., Gare Saint-Lazare).

Station hall and concourse

In recent years, the function of the station hall has widened from issuing tickets towards various commercial activities. These activities have also been integrated with station concourses. The important factors to achieve spacious and comfortable halls and concourses include: (1) openness, wide spaces and high ceilings, (2) natural passengers flow, (3) pedestrian space has precedence over commercial premises, (4) adoption of public art as a part of interior design, and (5) accessibility.

The characteristics of Japanese and European stations in these aspects is the following:

(1) Openness

In the subway stations in Japan, the spaces are reduced due to the construction costs and there is a tendency that passages are narrow with low ceilings - of course in recent years, more spacious underground stations have been built. Regarding the stations above the ground, many improvements have been made. Recently also some of the concourses have been newly renovated. On the Marunouchi side of the Tokyo Station, the corridors have been illuminated. In Europe, the station halls and concourses are relatively wide, large, with high ceilings. This trend has a long tradition because historical stations, such as London's St Pancras, Victoria, and others, always have had spacious interiors. New subway stations, which in Europe historically were constrained, also show tendency to improve and make larger underground interiors (e.g., London's Canary Wharf Station).

(2) Natural flow of passengers

Station halls, concourses, and platforms must have a sufficient space for passengers' flow, which should be conducted safely and smoothly. Information and signs should be well visible. However, at some large stations (e.g., Ikebukuro, Shinjuku) the space is very crowded as a result of the complex structure of station with many floors and walkways secured by various lines and operators. The improvements are made but they are difficult to conduct and costly. Very effective measure to improve the visibility at the station is through the use of transparent materials (e.g., Hachinohe Station). On the other hand in Europe, the flow of passengers has been improved at many renovated historical terminal stations. New stations have clear layout with spacious walkways (e.g., Gare de Saint-Exupéry TGV).

(3) Appropriate arrangement of commercial facilities

In Japan, often vending machines and shops are located at the concourses and on the platforms, thereby facilitating the purchase of goods required by the railway passengers. In addition, commercial business such as "Ekinaka" has been booming and has increased the revenue from other than railway businesses. On the other hand, when the retail and advertising are mixed with transportation, the station becomes crowded and difficult to use by passengers and commuters (e.g., Ikebukuro Station).

In Europe, often commercial facilities are separated from transportation, for example by the location of different floors (e.g., Leipzig Hauptbahnhof).

(4) Public art

In recent years railway operators in Japan have been applied public art at the stations. For example, Tokyo Metro has been active in implementation of art. At the Kinshichō Station on the Hanzōmon Line (2003), murals featuring replicas of famous *ukiyo-e* have been installed in front of automatic gates, and also at the platforms. At the Tameike-Sannō on the Namboku Line (2000) and at the other stations on this line, there are artworks on the walls behind the safety doors. At some stations, such as Kiyosumi-Shirakawa on the Hanzōmon Line, art has been accommodated into station walls at the platform level. At the Fukutoshin Line (2008), artworks have been installed as decoration at the crucial places at the stations. They are mostly murals and stained glass works, for example: "Umi-karano-kaori" by artist Eibin Ōtsu at the Shibuya Station, "Hop, Step, Hop, Step" by artist Yōko Yamamoto at Shinjuku San-chōme Station, and "Itsuka-wa-aeru" by artist Gyōji Nomiyama at the Meiji Jingūmae Station. "Echika Ikebukuro Gallery" at the Tokyo Metro Ikebukuro Station has become base for transmitting the latest trends in culture and art of the Toshima Ward. In Europe art is also playing an important role in station design. In the restoration project of the Paris Metro, the introduction of art aimed to increase the cultural value of the stations, and to build an image of the brand. As another example of the implementation of art is the artwork by the local artist Martin Fengler at the Bahnhof München-Moosach (2010), that gave the station fresh and bright character.

(6)   Accessibility

According to the revised law in March 2011, all passenger services for more than 3,000 people daily need to implement a 100% barrier-free access by the end of the fiscal 2020. In addition, each railway company ought to unify the information guidance at the stations that are used by several companies (for example JR East, Tokyo Metro, etc.) and improve the information for foreign passengers in multiple languages. In Japan this task is very difficult to realize at existing older stations because of the lack of space. In Europe, although escalators and elevators are installed, generally the development of barrier-free facilities is less advanced comparing to Japan. However, the elevators at new stations show the state-of-art design and make the stations space visually more attractive (for example at the Heron Station of the Docklands Light Rail).

Platforms

Platforms are the sensitive part of the stations as they are the accumulations areas, they must be planned for the anticipated number of the passengers to avoid the crowds. For this reason the guiding information is necessary, as well as a clear spatial design. This is particularly important at the subway stations. Passengers need to enter or leave the station easily even during the rush hours and when it is localized deep underground. To make platforms aesthetical and effective, the following factors are important to consider: (1) comfortable height and width of the platforms, (2) properly designed circulation areas, (3) bright and clean image of the station, with lights and colors, and (4) avoiding of facilities blocking the smooth flow of passengers.

The characteristics of Japanese and European stations in these aspects is the following:

(1)   The height and width of the platforms

Platforms in Japan are usually lower than in Europe and often there are kiosks, vending machines and other appliances installed there. At the new stations, there is a trend to design wider platforms with higher ceilings (e.g., Hyūga Station; 2008; arch. Hiroshi Naitō). In European old subway stations, also ceilings are low and platforms are narrow. However, at the new lines, like French LGV, the platforms display large spaces (e.g., Gare de Saint-Exupéry TGV). It is wide enough and has a high ceiling to accommodate the passenger flow. The design allows for visual contact between station concourses and platforms and is stimulating a natural traffic flow. Another station in Belgium designed by the same architect – the Gare de Liège-Guillemins – shows a huge space above, and on the platform.

(2)   Circulation

At the Kōchi Station, the platform is positioned under the same roof as the station hall. It has become easy to grasp the spatial relationship of the entire station from the platform. In Japan such design is rather rare, even the new Shinkansen stations do not have platforms connected visually with stations halls. At the Hachinohe Station and to some degree at the Jōetsu-Myōkō Station on the Hokuriku Shinkansen, there is such a connection. On the other hand in Europe, many large stations have secured that open circulation, for example at the Berlin Hauptbahnhof it is possible to visually confirm that a main line of a high-speed rail ICE is located on the upper floors. In addition, the Gare de Liège-Guillemins is an easy-to-understand because all of the platforms and the station hall are located under one huge roof, which is composed of iron and glass.

(3)   Bright and clean image

From an aesthetic point of view, a spacious and bright station with roof or canopy over the platform looks well and is comfortable for passengers. Some colors can produce warm feelings, bright colors can contribute to safety. In Europe stations are less bright than in Japan. At some stations the light is treated as an artistic tool and luminaries are designed to produce a certain atmosphere, such as at the Franklin D. Roosevelt Station on the Paris Metro.

(4)   Avoiding having facilities blocking the flow of passengers

In Japan, at the old subway stations (e.g., Ginza), which do not have a sufficient space, there are kiosks, vending machines, etc. installed at the platforms. They occupy the space which is very limited. The sale on the platform is highly convenient for the user, and it is a valuable source of revenue for the operators, but the arrangement of such facilities requires a re-examination. In Europe at the old subways also the platforms are sometimes occupied by some installations but the flow of passengers is usually not as large, as in Japan.

Advertisements and information signs

In Japan, advertising at the railway stations is an important source of income. For example, in the case of the JR East, within the annual sales of about 1.8 trillion yen (2013), the profit from advertisements is about 100 billion yen, which is equivalent to about 5.5 percent of the fare revenue. However, the content of the advertising medium is based on its own judgment of the railway company. It is good if they are implemented with the consideration of the landscape and location. In case of European operator – the RATP, which has about 4.2 billion euros total revenue, the profit from advertisements is about 100 million euros (about 2.4%). The RATP has its own regulations and management of quality of the appearance of advertisements. The size of the advertising panels at the Paris Metro is fixed as 3m×4m.

There is a difference in the awareness of advertising between Japan and Europe. There are four main factors that play role in improving advertisements: (1) a comprehensive design code, (2) links of advertisements with the surrounding, (3) advertisements as a part of interior design, and (4) separation of advertisements and signs.

The characteristics of Japanese and European stations in these aspects include the following:

(1)   Unity of advertising and information display, as a comprehensive design code

Advertisements are profitable and from that point of view they are desirable everywhere and they are installed at various parts of the stations, including train cars. In Japan, the Tokyo Metro has improved the design code for advertisements in 2004, particularly along the platforms. However, still at many stations, display boards, posters, notes, etc., are mixed with advertisements. On the other hand, it is possible to observe such unification and coordination at some Japanese and European stations.

(2)   Links of advertisements with surrounding

Design of advertisements can be excellent when it is associated with surroundings. Although it is not always feasible, it should be carried out at the distinctive locations. In the case of Japan, for example the advertisements of the nearby museums have been installed at the Roppongi Station. Also, decorative stylish ads featuring a mug of "Yebisu beer" which is reminiscent of neighboring brewing manufacturer have been used at the JR Ebisu Station. In the case of Europe, at the Holborn Station of the London Underground there are posters advertising the nearby British Museum. Another example is the Hôtel de Ville Station on the Paris Metro, where ads for the development plans of the subway and about the history around the Chatelet-Les Halles have been displayed.

(3)   Advertisements as a part of interior design

In Japan, information is available easily from the station attendants at the platforms. Problematic is visual information, which sometimes is mixed on the walls with advertising posters. However in recent years, railway companies, such as the JR East and Tokyo Metro, have adopted guidelines of their brand design and one of its aims is differentiation of signs from other information by design, including sizes, colors, and finishes. On the other hand, at the European terminal stations, where the passenger flow is small compared to Japan, there is less staff at the platforms giving information and the written information does not include many European languages. However the space is often designed this way that it is easy to move in right direction. Coherent visual information is also displayed, both at the new (e.g., Berlin Hauptbahnhof) and renovated stations (Gare Saint-Lazare, Gare de Bruxelles-Midi). Furthermore, railway operators, such as the DBAG, include guidelines for information signs into their new brand design.

(4) Separation of advertisements and signs

In Japan in recent years, information has been improved through for example station numbering and installation of guiding also in other languages, such as English, Chinese and Korean. At some stations, like Shinagawa, advertisements have been successfully treated as a part of interior design. But in spite of good examples, there are also cases of mixing information with advertisements and placing ads at the elevation of the station building, like for example at the Shibuya Station. The printed glass elevation designed by architect Kengō Kuma has been covered with advertising panels.

In Europe, generally advertising is separated from the guiding display. For example, advertising at the London's Canary Wharf Station has become an important part of the interior design.

5.2 Comparison of railway lines design

When considering railway design, it is necessary to remember not only the individual stations but also the characteristics of the lines and other stations. The approach to design in Japan and Europe has been compared on the example of the Toei Ōedo Line (2000) in Tokyo and the Jubilee Line Extension (1999) of the London Underground. In 1999 in London and in 2000 in Tokyo were opened new lines that not only improved the transportation systems but were also meaningful in terms of design.

Ōedo Line has 38 stations located on a 40.7 km-long line – about 28-km loop with about 13-km tail. Thirteen stations were exclusively built and other rebuilt for a new line.

Station designs at the Ōedo Line were selected through the design competition held between invited architects. As a result, several architects participated in design: Makoto Sei Watanabe, Hideoshi Ōno, Ken Yokogawa, Hiroyuki Aoshima, Yumio Moriya, Katsuoshi Manabe, Masayuki Maeda, Minoru Fujii, Kyūzaburō Ishihara and Yōichiro Hosaka. The concept of the Ōedo Line was based on the association of stations with their location, provision of public facilities displaying creative spaces, applying innovation and modernity, and providing good feelings to subway stations users. The architectural vocabulary has relied on colors – each station has a leading "station color", such as red color at the Azabu-Jūban Station. The second feature of the coordination is that the art forms, art installations and the art walls at the concourses that have been installed at each station.

The JLE has 12.2 km and consists of eleven stations; six are entirely new (Southwark, Bermondsey, Canada Water, Canary Wharf, North Greenwich and Canning Town), while five were enlarged and/or rebuilt (Green Park, Waterloo, London Bridge, West Ham and Westminster). At the JLE project, Roland Paoletti, who was commissioned as the chief architect, employed famous architects for the particular stations, resulting in original designs and statement of importance not seen since Charles Holden's designs in 1930s. In result of the selection of architects, nine stations were designed by well-known modern architects: Sir Michael Hopkins (Westminster), Sir Norman Foster (Canary Wharf), Andrew Weston and Chris Williamson (London Bridge), Alsop, Lyall and Störmer (North Greenwich), MJP Architects (Southwark), Ian Ritchie (Bermondsey), Buro Happold (Canada Water), Wilkinson Eyre (Stratford), Roland Paleotti (Waterloo), and two stations were designed by JLE design team.

General specification for station design included similar features of the floors, the escalators, glass platform doors, signs and some furniture. Theatrical lighting was used to alter the proportions of concrete elements and to create atmosphere. Escalators were grouped into sets of at least three to provide quick and safe access. Otherwise architects could realize individual designs based on engineering requirements. As a result each station is different but they all share common stylistics of modern, high-tech technology and functionality, providing generous underground spaces and smooth connections between platforms and station entrances and exits (e.g., Canary Wharf Station; North Greenwich Station, Waterloo Station and London Bridge). The JLE constructed as a civil engineering project, turned out to be Britain's the most important contribution to architecture in the past twenty years.

The comparison includes the approach to the design of station building/entrance, station hall and concourses, as well as to station platforms. The entrances and buildings for the JLE are impressive, illuminated and more distinctive compared with the Ōedo Line, but the line in Tokyo is located in the central urban area and JLE at the peripheral London's Docklands. In relation to location, the Ōedo Line shows where it is possible with impressive entrances, such as at Nakano-Sakaue. At the JLE the emphasis was put on the unified design concept of the entire station, which was based on the space created from the structure of the civil engineering design and architecturally shaped spaces and details. On the other hand, the Ōedo Line design is more based on the public art which adds the modest spaces more beauty. The selection of public art was the consideration that was aimed to achieve the integrity and regional characteristics of the station.

The halls and concourses of the JLE are spacious, with original lighting and stainless steel finishes which have been the common design features. On the other side, the colors and materials that are relevant to the history and community of the surrounding area were used for halls and concourses

- 161 -

of the Ōedo Line. At the JLE platforms, the design of the floor finish, doors, and color coordination, were similar to that at the halls and concourses. At some Ōedo Line stations, such as Iidabashi, uniform design has been applied. At the JLE, the achieved image has been modern, even futuristic stations that express the spirit of modernization at the Docklands area. At the Tokyo subway, the stations aimed to reflect the history and traditions, which was implemented by the decorative panels at the platforms.

5.3 Challenges of station design in Japan

5.3.1 Challenges of particular elements in railway station design in Japan

The comparison of Japanese and European stations reflects some challenges which are facing railway stations (Kido 2004).

(1) Entrance to the railway station and subways

The entrance can be a landmark feature that is emphasizing the location of the station, for example on the important urban axis. For the visitors, the station is a gate to the town and an orientation point within the city (e.g., Den-en Chōfu). Also the materials used for the building can express the regional characteristics (e.g., Iwamizawa). Since the entrance to the station is also the entrance to the city, it can be also unique and foster a sense of unity with the city (e.g., Yufuin; 1990; arch. Arata Isozaki). Design featuring regional materials, colors, motifs, should be carried out from the station plaza and the building entrance to the platforms. To design a landmark station it is important to secure a sufficient space between the station and other buildings, in order to provide aesthetic station squares (e.g., Asahikawa).

(2) Station hall, concourses, platforms

Structural design should be integrated with the architecture in a simple manner, to achieve smooth flow of space and logical functional order. Sufficient interior space should be provided at the early stage of design – in structural design. All these spaces should be connected in a sense of unity in an aesthetic design. Such a unified design has been achieved at the Hyūga Station in Kyushu. Local wood, which was used at the station hall, concourses and platforms, was also adopted at the station square. The design can even manifest the structure and emphasize main directions for the movement of passengers (e.g., Bashamichi Station).

Very often commercial facilities are located along the station concourses. The preference should be placed on the smooth flow of passengers. If shops are blocking transportation routes they should be moved for example to the basements. One such example of a functional and aesthetic concourse which does not interfere with the traffic is the one located between the Mitsukoshi department store and the Coredo Muromachi.

(3) Advertisements, information signs

Posting advertisements should be systematic and comprehensive, related to the specific place. Advertisements should not detract from the signage system and should be standardized, displayed at the appropriate locations, without covering the entire station buildings. Signs should be easy to understand and to notice by passengers. There is a need of unification of the display in regard to size, color and other details. Signs should be clearly separated from advertisements.

(4)   Public art

Public art should be installed at locations where it can be seen by passengers without interfering with the flow. Good examples are displayed at the Tokyo Metro stations, where art walls are installed in front of the ticket gates (e.g., Kinshichō Station).

(5)   Universal design

It should be applied at the major passenger facilities. The guiding signs for the barrier-free should be easy to understand, elevators well visible and accessible (e.g., Meiji-jingūmae Station; 2008). In addition, the signs should be also displayed in foreign languages to be understood by the foreign visitors.

5.3.2 Total design

The previous chapters discussed, and summarized the particular parts of the station in relation to Japan – such as station building, entrance, hall, concourse, platform, and also elements which are important at each station – advertisements and guidance displays. Nowadays, the concept of "Railway Landscape" is based on the assumption that the station should be totally designed, with all its parts coordinated both functionally and visually. Total design considers station location, regional characteristics and local demand for particular building and facilities. Total design of the railway station is a quality related to the station as a whole – including station entrances, halls, concourses, escalators, and platforms. The architecture should be based on the structural characteristics and express its own style of design of solids and spaces. Materials and finishes are tools to achieve stylistic coordination and expression. Both European and Japanese stations are aiming to achieve total design. In Japan the most accomplished among subway stations in that sense are stations on the Minato Mirai Line, and in Europe the most distinguished are the Paris Metro Line 14 and the stations of the JLE.

The complete design can be achieved on the three levels: the entire station premises, the entire route, and in conjunction with the regional railways operated by a particular rail operator. Such examples of totally designed stations are in Japan (Bashamichi Station) and in Europe (Lyon Gare de Saint-Exupéry). Total design achieved at well-coordinated lines can be observed at the Tokyo Metro Nanboku Line and Paris Metro Line 14. Total design on the large scale, which is touching the region, can be represented by the Tokyo Metro stations and the Deutsche Bahn stations.

The stations which people use every day have important elements in the city, town and region.

Sometimes they are also important landmarks. Therefore, the development of the railway station, which takes into account local scenery, culture, history is very desirable.

An example of a design concept that reflects the region – "Civilization birthplace of Yokohama" is the concept of the Minato Mirai Line. Another line, Hanzomōn has been associated with the "inheritance of Edo culture for the future". In order to enable such total concepts it is necessary to carry out railway projects along with the town's development projects. Early examples are the development of the Den-en-Chōfu Station and Tokyo Station. In recent years, the Minato Mirai Line project has reflected the total approach by securing spacious stations at the early stage of planning and structural design. Stations, which have all their parts coordinated in the same manner and capturing that characteristic through the entire lines, are building the integrated image of the rail operators and are becoming the facilities that are close to the local communities.

Japan's stations have displayed such approach in the past but later for a long period when the cost reductions were in place, this aesthetic attitude was neglected. Recently again, along with the "station renaissance", and international competitiveness, achieving a large-scale improvement and realizing a total design has become a major issue. Furthermore, in order to perform a more effective total design, a "Context Sensitive Design" that captures the characteristics of the region, such as the history and culture, should be promoted.

6. Towards better station design

6.1 Promotion of design competition

Competition is a technique of selection the best projects mainly used for public buildings that has taken place since the days of the Ancient Greeks. In relation to station buildings, in the 20th century some stations were selected through the competition: Helsingin Päärautatieasema (Helsinki Central Station), 1904; Hamburg Hauptbahnhof, 1900; Oslo Sentralstasjon (Oslo Central Station), 1947; Stazione di Roma Termini (Rome Central Station), 1947; and in recent years Gare de Lyon-Saint Exupery, 1989; Belgium's Station Leuven, 2000; and Berlin Hauptbahnhof, 2006. In Japan the competitions were held for the Kyoto Station, Iwamizawa Station, Kochi Station, Asahikawa Station, Ōedo Line stations, and the closed competition for the Minato Mirai Line stations.

The effects of the competitions are the following: any designer can participate and they enable a large choice of options, experts can advise during the selection and public can participate, screening process can be fair, and not only established architects but also young architects can participate.

To achieve good railway facilities in Japan, it is necessary to practice design competitions for station buildings and surroundings, such as plaza, etc. It may provide the unity of the design. In spite of the competition, there is a need of a good collaboration between civil engineers and architects, urban planners and other experts to realize truly total design.

6.2 The importance of the design that reflects regional characteristics

Since the railway station is the focal point of the urban transportation system, it needs to be easy to understand and have a clear structure. The station is the entrance to the city, a "gate," whose role is to welcome visitors and reflect the characteristics of its region. To achieve such a station, local residents and community councils need to work together with architects, engineers and railway operators, to provide and exchange the knowledge and experience.

In Japan design committees are popular, as they assemble ministry officials, railway operators, urban planners, architects, engineers and academics that together with local residents have a task to seek the best choice for the planning and design of the station. There are successful examples of such committees, for example in regard to the Asahikawa Station project.

6.3 Implementation of the "Context Sensitive Design"

As it was mentioned in Chapter 3, the Context Sensitive Design is a comprehensive process practiced in the USA, which incorporates public involvement and an inclusive planning process, that has been so far mainly applied for streets and highways but its scope also includes the restoration and preservation of railway stations, as a part of landscaping and scenic beautifications. Many approaches of European railway companies, their awareness of social and environmental impacts of transportation, and their collaboration with local authorities and communities on environmentally-sensitive design, can be considered similar to the USA approach. In Japan the awareness of aesthetics can be traced to the 1990s, when the public involvement and design committees were initiated for the purpose of aesthetic design. This approach is in line with the CSD but the latter one seems wider, and subjected to the evaluation and public discussion.

The CSD is built on an interactive relationship between land-use and transportation to make transportation facilities more functional and beneficial for mobility, area livability, land-use viability, and for active and attractive cities. It serves a variety of users, including the aged and handicapped. In the USA, the efforts to increase understanding within the engineering community of the CSD include training for transportation designers and workshops. In designing for environmental or social characteristics of an area, a consideration of the landscape and aesthetics rather than mitigating the effects of the design, requires more flexible standards than have traditionally been used. CSD does not attempt to create new standards but it explores opportunities to use flexible design and broad-thinking methods, beyond fixed procedures, structures, and traditional determining factors. In Europe and in the USA, the CSD criteria include input from local stakeholders, area landowners, businesses and residents, who provide essential design objectives. The CSD considers the vast needs of the nearby users and therefore it starts from the early phase of the project. It is in contrast to practice in Japan, where general public is rarely involved in the projects related to transportation, also there is less discussion in the mass media.

In addition, the CSD is flexibly applying the criteria of design because its aim is to create a transport system in consideration of the local demands and the features of the region, where general criteria may not apply. The essential element of the CSD is a good design, which also means incorporating "beauty". Another factor is "overall harmony". Both elements are important aspects of the overall design of the entire station and the railway lines. There are also examples of the design focusing on the "beauty" in Japan, such as the stations on the Minato Mirai Line, which have the quality of "total design". On the other hand, the stations on the Hanzomōn and Ōedo Lines are excellent. However their aesthetic design is more focused on finishes and decoration. The CSD is considering also the regional characteristics and history. In Japan this concept has also been realized, however sometimes too directly, for example through the station building that mimics the forms of surrounding architectures, such as famous shrines or temples.

Making the CSD approach more comprehensive also means to deepen the cooperation of architects and civil engineers, and to adopt design competitions, and inclusion of outside experts into the design process. By applying the CSD to the train station projects, transport in general will improve because of the improvement of the mobility, functionality, convenience, attractiveness and livability of the cities and towns. New approach would be also a good tool for promoting aesthetics of railways. When stations will be fully recognized as communal facilities, it will be inevitable to make bodies responsible for design accountable for their appearance.

In Japan, stations should continue the tradition of Japanese aesthetics and be designed with consideration of the concept of *meisho* – in the spirit of traditional places of scenic beauty and community identity. Design principles should be shifted from technology-centered design to human-centered, in order to consider the "Railway Landscape". Local residents should have an opportunity to participate in decision-making and these decisions should reflect independent public opinion. Designs should often be selected through competitions and a collaborative, interdisciplinary approach should be practiced at all phases of the projects. In such a process of the CSD for railways, future stations will become a combination of functional efficiency and aesthetics – and bring transport and services together.

木戸エバ（Ewa Maria KIDO） 工学博士

経歴

1984年	グダニスク工科大学建築学科修士課程修了　修士
1990年	東京大学工学部建築学科
1991-95	東京大学大学院工学科研究科
1995年	東京大学大学院工学科研究科博士課程修了　博士
1991-92	（株）黒川紀章建築・都市設計事務所
1995-99	（株）建設技術研究所・都市部
1999-01	ポーランド共和国大使館（東京）：新館建設プロジェクトマネージャー
2001-03	（株）建設技術研究所・都市部
2003-05	（財）運輸政策研究機構・運輸政策研究所：研究員
2005-	（株）建設技術研究所・国土文化研究所：研究員
2013-	東京都市大学・工学部都市工学科：非常勤講師

職務経験

橋梁景観設計、建築デザイン、河川景観整備、インフラ景観デザイン、インフラ景観デザインの研究

鉄道駅の美しさ 〜日本の駅、ヨーロッパの駅〜
AESTHETICS OF RAILWAY STATIONS IN EUROPE AND JAPAN

2016 年 10 月 発行　　　　　　　　　　　　　　　　　　　定価 本体 2,500 円＋税

著　者　　木戸エバ (Ewa Maria KIDO)

発　行　　一般財団法人運輸総合研究所

〒105-0001　東京都港区虎ノ門 3-18-19

TEL　03-5470-8410

FAX　03-5470-8411

WEB　http://www.jterc.or.jp/

株式会社建設技術研究所 国土文化研究所

〒103-0013　東京都中央区日本橋人形町 2-15-1

TEL　03-3668-0694

FAX　03-5695-1968

WEB　http://www.ctie.co.jp/

ISBN　978-4-903876-68-9 C0065 ¥2500E　　　　　　　　　　　印刷　（株）大應